KB175261

마라닉 페이스

MARANIC PACE

변화를 마주하는 가장 즐거운 경험

해피러너 올레

이재진 지음

푸른숲

마라닉 [MARANIC]

마라톤[Marathon]과 피크닉[Picnic]을 합친 단어로

'마라톤을 피크닉처럼' 즐긴다는 의미

페이스 [PACE]

달리기의 속도

- -

마라닉 페이스 [MARANIC PACE]

✔ 달리기도 인생도 즐기는 사람의 페이스

✔ 빠른 속도 대신 확실한 방향 설정에 중점을 두는 달리기 철학

✔ 작은 성취를 꾸준히 쌓아 마침내 변화를 이뤄내는 사람의 성장 동력

MARANIC PACE

추천의 글

조급하고, 불안하고, 성취 지향적인 나는 종종 체력이 다 소진될 때까지 일을 해야 제대로 일한 것 같은 착각이 들었다. 마찬가지로 달리면서도 '지지 않으려고' 무리수를 두어 다음 날 후회하기를 반복했다.

이 책은 달리기란 숨차고 괴로워하면서 남들에게 과시할 기록을 만드는 게 결코 다가 아님을 보여준다. "몸이 나아가는 속도에 맞춰 달리는 것". 내면의 목소리에 차분히 귀 기울이는 것. 타인에게 인정받으려 하기보다 나에게 맞는 속도를 알아차리고 균형을 맞춰가는 것.

이것이야말로 내가 지향하는 삶의 태도가 아니던가! 이 자연스러운, 물 흐르듯 사는 삶.

인생에서 무엇이 정말 중요한지를 깨닫게 해주는 저자의 사려 깊은 글을 읽으며 오래도록 쓸 수 있는 몸과 마음을 지켜나가기 위해 달리기도 인생도 '마라닉 페이스'를 닮고 싶다고 생각했다. 오늘도 달리면서 인생을 배운다.

임경선(소설가, 4년 차 러너)

달리는 건 저자인데, 왜 독자인 내 가슴이 이토록 뛸까? 이 책을 읽으면 당장 내일 새벽부터 달리고 싶어질 것이다. 나 또한 항상 달리기를 꿈꿨지만, 여태 자신이 없었다. 체육 대회 때마다 꼴찌였는데 달리기라니 가당찮은 일 아닌가. 경기는 계주의 몫이라 생각하며 응원만 하던 나는 진작부터 포기하며 살아왔다. 우리 모두 그런 순간이 있을 것이다. 시작도 않고 '무릎 나간다'고 포기해본 적 말이다.

"천천히 달려야 잘 달릴 수 있다." 이제껏 도망쳐온 내게 이 문장은 큰 위로와 용기가 되었다. 그래, 천천히는 할 수 있을 것 같다. 경쟁할 사람도 없는 나 혼자만의 달리기인데 겁먹을 필요가 있나. 그래서 달리기로 했다. 〈마라닉 TV〉를 보고 왜 그토록 함께 달리려는 사람이 많아졌는지 공감했다. 책 속 문장이 손을 내밀어주는 것 같아 그 손을 잡고 달리고 싶어진다. 혼자서는 달릴 용기가 부족했던 당신에게 이 책을 권한다.

이연《매일을 헤엄치는 법》 저자, 콘텐츠 크리에이터)

달리기는 강한 의지로 괴로운 순간을 참고 넘기는 운동이 아니다. 즐겁게 뛰고 나면 절로 힘이 솟는 운동이 달리기다. '그게 무슨 소리?' 하시는 분들은 이 책을 보라.

오늘은 몇 킬로를 달려야지, 더 빨리 달려야지, 이런 생각은 그만두자. 산책하듯이, 오늘은 30분쯤 달려볼까? 하고 나와서 그 시간을 즐기는 데 집중해보자. 누구나 경쾌하게 달릴 수 있는 속도가 있다. 그렇게 달리고 나면 얼굴에 미소가 가득 번질 것이다. 이런 경험은 우리를 또다시 달리게 한다. 달리고 싶은 마음, 달리기는 그 마음을 이용한다.

이 책은 '마라닉'이라는 단어로 즐거운 달리기를 제안한다. 저자는 달리기를 통해 삶을 바꿨다. 운동과 담쌓고 살던 사람이 마라톤을 완주하고, 달리기 유튜브를 개설해서 16만 명의 구독자와 소통한다. 이 책은 변화의 에너지를 담고 있다. 걷는 사람이 달리게 되고, 결심까지만 하던 사람이 해보는 사람이 될 수 있는 에너지. 망설이고 있다면 《마라닉 페이스》로 시작해보자.

장인성(《사는 이유》 저자, 브랜드 마케터)

2년 전 한양순성길 동반주가 올레 님과의 첫 만남이었다. 유튜브 영상으로 먼저 슬쩍 뵙긴 했지만, 현장에서 직접 본 올레 님은 유쾌한 웃음소리, 달리기에 대한 철학과 애정, 구독자와 격의 없이 소통하려는 마인드… 모두 내가 생각한 그대로였다.

　'남에게 보여주기 위해서가 아닌, 오로지 내 몸에 귀 기울여 나를 위한 달리기를 마라닉 하게 하자.' 내가 늘 다짐하는 마음과도 닮아 있어서 곧바로 〈마라닉 TV〉의 열혈 구독자가 되었다. 페이스 조절은 마라톤에서 아주 중요하다. 이 책은 고통스러운 달리기가 아니라, 내 몸을 사랑하고 아끼면서 하는 달리기로 맛보는 성취감이 얼마나 즐겁고 행복한지를 깨닫게 해준다. 독자분들도 자기만의 페이스로 하루하루 용기를 얻는 시간을 갖게 되리라 확신한다. 우리, 같이 마라닉 하러 떠나볼까요?

권은주(대한민국 여자 마라톤 최고 기록 보유자, 런위드주디 감독)

목표를 향해 경주마처럼 내달려오다가, 문득 인생에서 무엇이 중요한지 고민하게 된 시점에 만난 올레 형. "선규야, 천천히 가도 돼. 우리 속도로 하다 보면 골인 지점이 나올 거야."

〈마라닉 TV〉를 접하고 그동안 찾아 헤맨 답을 찾은 것 같았다. 숨이 차 허덕이며 달리기보다는 내쉬는 호흡에 집중하며 달리기. 지금의 내가 굳건하게 설 수 있는 건 그때 올레 형을, 마라닉을 같이 하는 러너들을 만난 덕분이다. 부디 많은 분들이 이 책을 읽고 스스로를 한번 믿고 계속 해 보는 힘을 낼 수 있기를 바란다. 첫 책 출간 축하해! 올레 형!

진선규(배우, 4년 차 러너)

10년 전 보스턴마라톤에 참가했고 서브 3에도 도전했다. 스피디한 달리기가 좋았고 도전을 즐겼다. 달리기에서 속도가 제일 중요한 줄로만 알았던 내가 〈마라닉 TV〉와 함께하면서 '방향'을 돌아보게 되었다. 이젠 하루 1시간 안팎의 여유로운 달리기를 즐긴다. 건강과 행복을 향해 가는 해피러너 올레 님과 같이한다면 마라닉 페이스로 평생을 달릴 수 있을 거란 확신이 든다.

홍시기(30년 차 러너, 〈마라닉 TV〉 사회공헌담당)

마라닉 페이스는 즐기는 달리기를 축으로 인생도 나만의 페이스로 살아가려는 어떤 결의다. 마라닉 페이스로 달리기 시작한 지난 세월을 돌아보면 건강은 물론 즐거움과 행복으로 가득하다. 중년이면 찾아온다는 권태감과 무료함 따위는 전혀 없었다. 앞으로도 쭉 활기 넘치는 삶을 살고 싶다.

막시(14년 차 러너, 《달리기는 제가 하루키보다 낫습니다》 저자)

올레 님과 함께 지난 6년 천천히 그렇지만 꾸준히 달려왔습니다. 숨이 차서 담배를 끊었고, 함께 달리는 사람들이 좋아 마라톤 클럽 회장도 해보았습니다. 이제는 평생 함께한 술마저 끊고 달리기와 더불어 살아가고 있습니다. 올레 님께서 지펴준 작은 불씨가 제 삶을 180도 바꿔 놓았습니다. 60대, 70대 아니, 80대에도 달릴 나를 꿈꾸면 오늘도 달리기가 마냥 즐겁습니다.

김**

이젠 무언가 도전해볼 꿈을 꾸기보다는 무엇을 포기할 것인가를 정하는 일만 남았다는 생각에 몸과 마음이 지쳐가고 있을 때. 단 1분이라도 달려보라는 올레 님의 한마디가 가슴에 날아와 꽂히더군요. 잿더미 같던 마음속을 헤집어 꺼져가던 작은 불씨를 살려낼 용기를 주셔서 감사드려요. 언젠가 천천히 10km를 달릴 수 있는 나를 꿈꿔봅니다. 파이팅!

진*

천천히 달리면 더 많은 것들이 보인다. 달리며 고개를 들고 팔을 벌려 풍경을 안아보면 온 세상이 내 것이 된다. 온통 빠른 게 최고인 세상 속에서 마라닉 페이스는 내게 여유와 평온을 선사한다. 천천히 바르게, 나는 계속 마라닉을 할 것이다.

쿠＊

비록 속도는 느리고 거리는 짧지만, 올레 님 덕분에 매일 운동화 끈을 묶으며 진정한 나 자신을 만날 수 있어 정말 행복합니다. 주로의 주인공으로 누릴 수 있는 기쁨이 얼마나 큰지 50대가 되어서야 알았습니다. 끈기도 없고 자신감도 없었던 저에게 〈마라닉 TV〉는 삶의 일부인 고마운 친구가 되어주었습니다. 5km, 10km를 달렸고 이제는 하프, 풀코스를 목표로 하는 제 자신이 참 대견스럽네요. 시작이 중요하지 늦은 때는 없는 것 같아요. 달리기로 몸도 건강해졌고, 긍정 마인드로 바뀌었습니다. 달리기가 얼마나 좋은지는 같이 마라닉 하면 아실 거예요.

백＊＊

앞이 보이지 않던 암울한 일상 속 안개를 걷어준 고마운 마라닉 정신. 마라닉 페이스로 얻은 체력과 성취감이 씨앗들이 되어 많은 일을 시작할 수 있었습니다. 달리기를 한다고 인생이 송두리째 바뀌지는 않지만, 하루하루를 살아내는 힘을 얻었습니다. 그런 하루하루가 모이고 나니 어느새 변해 있는 나 자신과 마주하게 되더라고요.

Y**

인생의 막장까지 내려갔다가 '이렇게 살다가는 안 되겠다'는 생각에 달리기를 시작했습니다. 달리기를 하다 보니까 좋은 삶을 살고 싶어졌습니다. 좋은 삶을 위한 길을 찾다가 〈마라닉 TV〉를 알게 되었고, 여기까지 왔습니다. 나에게 마라닉 페이스란 좋은 삶입니다.

서**

마하~ 달리기가 힘들 때면 〈마라닉 TV〉를 보며 힘을 얻었습니다. 서두르지 않고 즐기는 마음으로, 그리고 함께 뛰다 보니 달리기가 좋아졌습니다. 이 모든 것이 러닝 전도사 올레 님 덕분입니다. 러닝 입문자부터 마니아까지, 마라닉 페이스 하세요!

Y**

마라닉 페이스: 햇살과 바람을 느끼면서 새소리, 시냇물 소리, 지나가는 어린이들의 웃음소리를 듣고 즐길 수 있는 페이스.

W**********

뛰었다가 쉬었다가를 반복했지만, 그럼에도 다시 달리고 싶은 마음이 불타오를 수 있었던 건 〈마라닉 TV〉의 영상들 덕분이었습니다. 그 어떠한 상황에도 굴하지 않고 매일 달리시는 모습을 통해 저 또한 달리지 않을 핑계를 떨칠 수 있었습니다. 저의 꾸준함에 힘을 불어넣어주셔서 감사합니다.

효*

학창 시절 100m 달리기 기록이 12초대일만큼 잘 달렸지만, 달리는 걸 참 싫어했어요. 달리기는 제게 힘들고 숨찬 운동일 뿐이었으니까요. 하지만 〈마라닉 TV〉의 올레 님을 만나고 진정한 달리기를 알게 되었어요. 마라닉 페이스로 달리면서 인생에 대한 가치관도 바뀌었습니다. 지금까지는 게임 레벨 업하듯 한 단계 더 발전해야 한다는 강박으로 살아왔었지만, 이제는 나만의 속도로, 바른 방향으로 나아가며 주변 풍경도 살피며 살고 있습니다. 전보다 훨씬 행복한 삶입니다.

째***

나를 움직인 경이로운 힘, 마라닉 페이스

서른다섯 살이 저물어가던 밤이었다. 모두가 연말 분위기로 들떠 있는 시간, 나는 만원 버스 바닥에서 비명을 지르며 뒹굴고 있었다. 당황한 승객들과 급히 차를 세운 버스 기사가 몰려들었다.

"이봐요, 무슨 일이에요?"

"어디 아파요?"

사람들의 신발 틈에 박혀 있던 내 머리가 누군가에 의해 들어올려짐과 동시에 나는 기억을 잃었다.

'세 살 딸과 두 살 아들이 집에서 기다리고 있을 텐데….'

꿈인 듯 두 아이의 웃는 얼굴이 떠올랐다 사라졌다. 다급한 사이렌 소리는 점점 멀어지고 응급 베드의 바퀴 소리가 커지는 것을 느끼며 가까스로 눈을 떴을 때 '응급실'이라는 세 글자가 희미하게 스쳐갔다. 극심한 고통이 밀려왔다. 누군가가 내 복부를 열고 두 손으로 장기들을 쥐어짜면 이런 고통일까?

핏기를 잃은 팔뚝에 바늘이 꽂히고 수일 같았던 몇 시간이 지난 후에야 통증이 잦아들었다. 커튼을 걷어 젖히고 의사가 들어왔다. 그가 입을 떼기 전부터 나는 이 고통의 원인을 이미 알고 있었다. 똑같은 증상으로 응급실에 실려 온 게 벌써 세 차례나 되기 때문이다.

급성 위경련.

늘 그렇듯 메마른 표정의 의사는 건조하게 소견들을 나열한다.

"술, 담배, 커피 확 줄이시고요. 스트레스 많이 받으면 안 됩니다. 식사도 규칙적으로 해야 되고요."

'단 한 가지도 지키지 않고 있구나' 하는 생각이 들 즈음, 등골이 써늘해지는 말이 추가된다.

"이런 일이 반복적으로 발생하면 안 되는 거예요. 사람들이 바로 알아챘기에 망정이지, 혼자 있다가 쓰러지면 진짜 큰일 날 수도 있는 거죠…."

그렇다. 이대로는 안 된다. 지금까지 두 번은 얼떨결에 실려 갔다 치더라도 이제는 쓰리아웃 아닌가. 쓸쓸히 벤치로 물러나며 9회 말이 아니라는 사실에 가슴을 쓸어내린 타자는 삼진의 원인을 분석하고 다음 타석을 기다려야 한다.

응급실을 빠져나오며 주머니에 있던 담배를 미련 없이 휴지통에 던져 넣었다. 스트라이크! 15년 넘게 하루 두세 갑씩 피워대던

골초의 삶에서 담배가 사라진 날이다(그날 이후 11년 동안 담배는 단 한 개비도 입에 대지 않았다). 직업 특성상 미팅이 잦다 보니 하루에 적어도 3잔 이상 마시던 커피도 끊고, 주 5일 근무에 주 5회 마셨던 술도 당분간 끊기로 했다.

나는 지상파 방송과 케이블 방송 PD로 16년을 일했다. 누군가를 만날 때 ○○ 방송국 PD라고 소개하면 상대방의 눈빛이 달라지는 걸 수없이 느꼈다. 어딜 가든 호감과 관심을 얻으면서 대화를 시작했고, 내가 중심이 되어 대화의 분위기를 이끌어갔다. 사회생활을 하고부터 줄곧 단단한 갑옷 하나를 걸치고 사는 기분이었다. 하지만 그건 어디까지나 회사 밖에서만 해당하는 이야기였다.

회사 안에 들어서는 순간 갑옷 따위는 오간 데 없이 사라지고 무장 해제가 된 병사가 된다. 포탄이 몰아치는 전장에서 하루하루 살아남기 위해 발버둥 치기 바빴다. 소위 잘나가는(실력 있는) PD들은 누구나 알 만한 프로그램으로 인기를 얻어 승승장구하는 동안, 나처럼 내세울 작품이 없는 PD는 '터지는' 콘텐츠를 기획하려고 혈안이었고, 제작비를 받아내기 위해 끊임없이 회사를 설득해야 했다. 운 좋게 자그마한 제작비라도 받아내면 마른 걸레를 쥐어짜듯 스태프들과 출연진을 설득해서 비용을 낮추는 일도 다반사였다(돌이켜보면, 좋은 작품이 나올 리 없는 상황을 나 스스로 만들었다).

우여곡절 끝에 첫 방송이 나가면 다음 날 시청률이 나오기 전까지 밥도 제대로 먹지 못했다. 고 3 수능 성적표를 기다릴 때도 그렇게 긴장하지는 않았을 것이다. 출근하는 차 안에서 전날 시청률이 담긴 메일을 확인했다. 마치 내 인생이 그래프 속 꺾은선과 몇 자리 숫자로 평가되는 느낌이다. 또 한 번 삶의 동력이 꺾인다.

사무실에 들어서면 깊숙이 꺾인 상사의 고개만큼이나 깊디깊은 한숨 소리가 들려온다. 열등감에 사로잡혀 자존감이 또 한 단계 내려가는 순간이다. 그런 상황을 16년 동안 말 그대로 '버텨냈다'.

설상가상으로 미디어 환경은 빠르게 변화하고 있었다. 대중은 거실에 앉아 TV를 보는 대신 스마트폰 속 개인 방송에 열광했다. 광고주들은 TV를 떠나 유튜브, 넷플릭스 등의 다양한 미디어 플랫폼으로 옮겨갔다. 엄청난 속도로 급변하는 환경에 맞추려고 노력했지만, 끊임없이 돌고 도는 트레드밀 위에서 제자리 뛰기 하는 심정이었다.

회의 때마다 상사의 한숨이 커질수록 이곳이 더 이상 평생직장이 아닐 수도 있겠다는 불안감이 커져갔다. 영상 콘텐츠를 통해 다른 누군가에게 빛을 주고 싶어 PD가 되었던 나는 점차 빛을 잃어가고 있었다. 침대에 누우면 심장이 쿵쾅대는 소리에 잠을 이루지 못하는 날들이 이어졌다. 결국 또다시 응급실행이었다.

다른 뭔가가 필요했다. 하지만 두 아이의 아빠가 대기업의 연봉을 포기하면서까지 내릴 수 있는 결정은 많지 않았다.

달리기? 얼마든지 내 힘으로 해볼 수 있는 거잖아

그 무렵, 동네 친구 '막시(닉네임이다)'가 달리기를 권해왔다. 나이는 나보다 두 살이 적지만 사려 깊고 배울 게 많아 친구처럼 지내는 사이였다.

"달리기 한번 해봐요. 건강 챙기는 데는 이만한 운동이 없어요."

벌써 1년째 나를 설득하고 있었다. 가뜩이나 힘들어서 온종일 앉아 있는 것도 버거운데 달리기라니….

"생각해볼게"라고 늘 답은 했지만, 비현실적인 조언이라고 생각해 줄곧 무시해왔다. 고작 달리기 좀 했다고 인생이 바뀔 순 없는 일이었다. 하지만 응급실을 나와 터벅터벅 걷는 동안 알 수 없는 오기가 생겼다. 이대로 아무것도 하지 않으면 아무것도 변하는 게 없을 것이다. 내년 연말에도, 5년 후 연말에도 똑같은 걱정만 안고 살아가겠지. 이대로는 안 된다. 내가 할 수 없는 것에 집착하지 말고 내가 할 수 있는 것부터 해보자.

달리기? 그건 얼마든지 내 힘으로 해볼 수 있는 거잖아? 매일 직장에서 침대에서 쿵쾅대는 심장 소리에 가슴 조이며 살아갈 바에는 내가 스스로 심장을 뛰어보게 해보자.

그렇게 나의 달리기는 시작되었다.

지금도 달리기 첫날의 기억을 잊을 수 없다. 10분도 안 돼 숨이 막히고 헛구역질이 났다. 그야말로 지옥의 맛이었다. 그렇지만 정말 오랜만에 내 힘으로 뭔가 해냈다는 성취감이 들었고, 그다음 날 눈을 떴을 때 한 번만 더 해보자고 각오가 섰다. 다만 어제 달렸던 속도의 60~70퍼센트 정도로만 뛰어보자는 마음으로 달렸다. 전날과 달리 그다지 숨이 차지 않았다. 놀랍게도 30분을 달렸다. 달릴 만했다.

'원하는 만큼만 달려보자'는 다짐을 조금씩 경신하며 나날이 나는 새로워졌다. 달리기 좀 했다고 뭔가 바뀌기 시작했다. 불룩 나온 배 때문에 발톱 깎는 것도 불편했었는데, 이제는 바지가 죄 펑퍼짐해져 새로 사야했다. 콜레스테롤 수치와 체지방이 놀라운 수준으로 낮아졌고, 축 처져 있던 어깨가 펴지면서 얼굴의 주름도 펴졌다. 만나는 사람마다 안색이 좋아졌다고 입을 모아 칭찬했다. 매일 아침 새로 태어나는 영화 속 주인공처럼 가뿐한 몸으로 일어났다. 10분도 못 달리던 저질 체력이 무려 하프 마라톤을 완주해내는 기적이 일어나기도 했다. 하지만 이런 몸의 변화는 마음의 변화에 비하면 아무것도 아니었다.

불과 반년도 채 지나지 않아 완전히 다른 사람이 되어 있었다. 하프 마라톤의 결승점을 통과하는 그 순간 무엇이든 해낼 수 있다는 자신감이 차올랐다. 심지어 상상도 할 수 없었던, 아니 상상하기도 싫던 풀코스 마라톤에 도전해보겠다는 의지마저 불타올랐다. 가족과 친구들 모두 미쳤다고 했다. 그래, 나 미쳤다. 그것도 아주 제대로.

그 무모하고 어리석은(?) 객기는 3개월 후 현실이 되었다. 2013년, 중앙마라톤(현 JTBC마라톤). 온몸의 나사가 풀려 뼈란 뼈는 모조리 무너져 내릴 것 같던 4시간여의 레이스를 마치고 완주 메달을 목에 거는 순간 깨달았다. 이런 무지막지한 고통을 이겨낸 내가 앞으로 해내지 못할 일은 없을 거라는 사실을. 그리고 마침내, 마음속 깊이 품어왔던 바로 그 순간이 왔음을 직감했다.

원하는 만큼 달릴 수 있는 체력, 그거면 된다

매일 동이 트는 새벽길을 달리며 나와 정면으로 마주했다. 달리는 동안에는 나 자신과의 대화가 가능하다는 것을 알게 되었다. 차분하고 냉철한 판단력이 이때 생긴다는 것도.

나는 왜 PD가 되고 싶었을까? 조금이라도 더 많은 사람들이 내가 만든 콘텐츠를 보면서 꿈과 희망을 얻게 되길 바라는 마음이 컸기 때문이다. 하지만 지금과 같은 환경에서는 내가 원하는 일을 하기가 더 이상 어려웠다. 결단을 내려야 할 순간이 온 것이다.

회사가 내주는 달콤한 먹이를 이제는 물리쳐야 한다는 결단. 보다 능동적으로 먹이를 찾아야 한다는 결단. 비록 지금 당장은 양이 적어서 배가 고플지라도 오랫동안 살아남아 가족을 지키려면 스스로 찾아내야 한다. 그리고 어떤 먹이를 먹는지도 중요했다.

환경에 기민하게 대처하려면 내 몸을 가볍게 해야 했다. 16년 동안 붙잡고 있던 TV 프로그램 제작 PD라는 갑옷을 벗어던지고 유연하고 경량화된 콘텐츠를 제작하는 유튜브 크리에이터가 되어야겠다고 결심했다. 하지만 결심을 현실화하기까지는 많은 용기가 필요했다. 그럼에도 과감히 도전할 수 있었던 이유. 내겐 원하는 만큼 달릴 수 있는 체력이 있었다.

우리가 도전을 주저하는 이유는 새로운 선택에 뒤따르는 결과가 어떨지 몰라서다. 하지만 선택에 따르는 '가장 최악의 결과'를 산정한 후 그에 따른 책임을 어떻게 질 것인지를 시뮬레이션 하면 의외로 도전이 수월해진다. 아무리 새로운 도전이라고 해도, 행여 그 도전이 실패로 끝이 난다 해도 죽으라는 법은 없기 때문이다.

유튜버라는 도전이 실패로 돌아간다 해도 내게는 최후의 무기가 있었다. 바로 체력이다. 딱 1년만 도전해보고 그래도 앞이 보이지 않을 경우 공사판에서 일을 해서라도 가족을 먹여 살리겠다는 각오를 했다. 몇 해 전의 나로서는 상상도 못할 일이지만 달리기로 다져진 지금의 체력이라면 웬만한 인부들 못지않게 힘을 쓸 수 있었다. 내가 유튜브 채널 〈마라닉 TV〉를 통해 '모든 것에 앞서 체력을 키워두는 게 먼저'임을 강조해온 이유다.

이제 남은 고민은 단 한 가지. 무엇을 다루는 유튜브 채널을 만들 것인가? 사실 크게 고민하지 않았다. 내게 체력이라는 강력한 무기와 함께 자신감이라는 진짜 갑옷까지 장착시켜준 달리기. 그 고마운 달리기를 나만 알고 있을 수는 없었다. 많은 사람들이 내 채널을 접한 뒤 달리기를 시작하고 몸과 마음의 건강을 되찾게 된다면 그것만으로도 나는 진짜 'PD'가 될 수 있었다. 나아가, 새로운 삶에 도전장을 던진 나의 모습을 여러 사람들과 공유하며 달리기로 변화한 삶의 증거가 되고 싶기도 했다.

물론 여전히 미지수였다. 친구가 나를 1년이나 설득할 동안 눈 하나 깜짝하지 않았던 것처럼 내가 누군가를 달리게 한다는 것이 얼마나 힘든 일인지도 잘 알았다. 게다가 당시 달리기 관련 유튜브는 몇 개 없었을뿐더러 1만 명을 넘는 채널도 없었다. 그만큼 달리기라는 소재는 사람들의 주된 관심사가 아니었다.

이런 현실에도 자신 있었다. 속도가 아닌 명확한 방향이 핵심인 달리기를 힘줘 말하며 '마라톤을 피크닉처럼(마라닉)' 즐기자는 콘셉트의 달리기 채널은 전무하다시피 했으니까. 또 달리기를 시작한 이후 11년 동안 기적처럼 달라져온 내 삶을 사람들과 나눈다면 나처럼 '바뀐 삶'을 경험하는 사람이 단 한 명이라도 생길 것이고, 그 한 사람이 주위의 몇 사람에게 달리기를 전파하는 역할을 해줄 것임을 믿어 의심치 않았다.

그렇게 나는 지금 16만 명이 넘는 사람들을 달리게 하고 있다. 엄밀히 말해, 달리게 하고 있다는 말보다는 함께 달리고 있다는 말이 어울린다. 피크닉 가듯 즐기면 달리기가 얼마나 즐거운 운동이 되는지 공감하며 말이다.

나는 안다. 나 한 사람으로부터 비롯된 달리기가 어느덧 16만 명이 함께 뛰는 달리기가 되었듯, 차차 100만 명이 같이하는 달리기가 되리라는 걸.

이것이 내가 경험한 마라닉 페이스의 힘이다.

이제, 당신이 경험할 차례다.

목차

Chapter 4 달리면 비로소 이루는 것들

Chapter 1

변화가 필요한 당신에게

지금의 불안이 감사한 이유

쿵! 쿵! 쿵!

누군가 방문을 거세게 두드리는 소리에 깜짝 놀라 눈을 뜬다. 침대맡 시계는 '03:30'이라는 숫자를 놀란 내 눈처럼 깜빡이고 있다. 이게 무슨 상황인가 싶어 돌아보니 아내는 세상모르고 곤히 잠들어 있다.

또 꿈이었다.

손으로 얼굴을 한 번 쓰윽 훑어 내리고는 다시 누웠지만 심장은 여전히 미친 듯이 뛰고 있다. 벌써 몇 주째 계속되는 현상이었다. 평소 친하게 지내던 동료 PD가 소주잔을 쓰게 비우곤, 회사 측에서 퇴직 권유를 받았다는 말을 털어놓은 후부터였다. 그 후로 한 달에 한두 명꼴로 옆자리에 있던 동료들이 사라지기 시작했다.

내가 퇴사하기 몇 해 전 이야기니까, 벌써 10년 정도 지난 일이다. 하지만 그때의 내 심장 소리는 방금 느낀 듯 생생하다.

돌아보면 나는 외부 자극에 극도로 예민하게 반응하는 사람이었다. 남들과 똑같은 상황을 마주하더라도 더 심각하게 받아들이는 경향이 있었고, 다른 사람의 감정 상태가 어떤지 눈치를 보며 곧잘 피로감을 느끼곤 했다. 전에는 그런 현상이 내 마음 그릇이 작기 때문이라 생각하며 스스로를 자책했다.

그 무렵 달리기를 시작했다. 달리기가 내 삶에 가져다준 변화는 예상치 못한 것이었다. 새벽 공기를 가르며 조용한 도로를 달리면 마음의 중심을 잡기가 점점 수월해졌다. 심장 박동에 귀 기울이고 깊게 숨을 내쉬는 일에 집중하다 보면 일상의 스트레스와 걱정들이 작아지는 것을 느낄 수 있었다. 한 걸음 두 걸음 내달리면서 불안과 긴장이 자연스럽게 잦아든다는 사실을 배웠다.

예민한 성격이 단점이 아닌, 꽤 괜찮은 장점이라고까지 생각하게 되었다. 어떻게 보면 예민하다는 건 다른 사람은 그냥 지나치고 말 걸 더 섬세하게 느낀다는 이야기이기도 하니까. 물론 그렇다고 해서 더 이상 불안한 마음이 들지 않는 건 아니다. 여전히 나는 예민하고 민감하다. 하지만 불안을 마주하는 방식이 바뀌었다.

지금 불안한가?

그렇다면 변화가 시작될 최적의 순간에 가까워진

고마운 타이밍이라고 생각해보자.

불안하다는 것은

지금의 상황이 만족스럽지 못하다는 뜻이며,

그걸 알아차렸다는 것은

스스로 진지한 고민을 하고 있다는

방증이기 때문이다.

누구보다 열심히 살아왔지만 계획들이 기대만큼 이루어지지 않았을 때 불안하다. 그러니 불안하다는 건, 내가 열심히 살아온 끝에 오는 것이며 지금보다 잘 살고 싶을 때 울리는 시그널이다. 쉽지 않겠지만, 지금 이 순간을 잘만 이용한다면 두고두고 고마운 순간으로 남게 될 것이다.

최근 주위 후배들의 연락이 부쩍 많아졌다. 처한 상황은 다 달라도 직장에서의 입지가 점점 좁아지면서 느끼는 불안감을 공통적으로 토로한다. 대부분 사회생활을 잘하고 있는 30~40대 후배들인데, 내가 그들보다 먼저 비슷한 경험을 했다는 이유로 조언을 구하는 것 같다. 그때마다 나는 위로에 앞서 '축하의 말'을 건넨다. 드디어 지금까지 노력해온 시간이 열매를 맺기 위한 시기가 온 거니까(그들이 이 말에 얼마나 공감할지는 모르지만 진심으로 그렇게 믿고 그리 말한다).

내가 만나서 함께 달린 수많은 구독자들 중에는 의사, 변호사, 교수, 중견기업의 사장도 있었지만 다 비슷했다. 그들은 표면적으로는 몸의 건강을 위해서 달린다고 했다. 그런데 조금만 깊게 대화를 나눠보면 저마다 마음속에 해결되지 않은 걱정과 불안 등의 감정을 잠재우기 위해서 달리고 있었다. 사회적으로 남부러울 것 없어 보이는 이들도 자기 나름의 불안이 있다. 만약 누군가 '나는 전혀 불안하지 않아'라고 말한다면 둘 중 하나가 아닐까? 거짓말이거나 뇌에 약간의 문제가 있는 사람이거나. 누구나 불안을 느끼면서 살아간다. 다만 그런 감정을 밖으로 표출하는 사람과 아닌 사람으로 나뉠 뿐이다.

지금의 나는 불안한 마음이 들 때 더 이상 그 감정을 적대시하지 않는다. 오히려 무엇이 나를 그렇게 느끼게 하는지, 어떤 부분이 나의 삶에서 변화를 원하고 있는지를 차분히 생각한다. 그리고 그런 인식이 바로 변화를 향한 첫걸음이라는 것을 알게 되었다.

얼마 전 인공지능이 놀라운 발전을 거듭하고 있다는 뉴스를 접하곤 유튜브 환경에도 변화가 올 수밖에 없겠다는 생각과 함께 불안감이 고개를 들었다. 하지만 곧 속으로 외쳤다.

'그래, 또 한 번 변화할 기회가 왔구나.'

그때마다 나는 달리기를 적극 활용한다. 조용한 새벽길을 달리는 동안 불안의 근원에 대해 생각하고, 어떻게 하면 이를 긍정적인 에너지로 전환할 수 있을지 고민한다. 이 과정을 통해 불안감이 나를 압도하는 것이 아니라, 오히려 나를 변화시키고 성장시키는 힘으로 변모될 수 있다는 것을 깨닫는다.

"그래, 내게도 변화할 기회가 왔구나."

겁나는 건 당연하다

'탕!' 하는 소리와 함께 나는 또다시 루저가 된다. 체육 선생님이 쏜 신호탄의 총구는 하늘을 향했지만 총알은 늘 내 가슴에 날아와 박히는 것 같았다. 3등 안에는 들어야 공책이라도 받을 수 있어서 아이들은 모두 필사적이었다. 또래 아이들에 비해 체구가 한참 작았던 나는 얼굴이 벌게지게 달려도 언제나 순위권 밖이었다.

그때부터였을 것이다. 달리기가 싫고 무서웠던 게. 숨이 턱까지 차다 못해 넘쳐서 '삑삑' 소리가 새어 나오는 그 느낌도 싫었고, 순위에 따라 팔목에 퍼런 등수 도장이 찍히는 것도 마치 돼지비계에 박힌 등급 표시 같아 싫었다.

그로부터 20여 년이 흘렀다.

어느 봄, 꽃잎이 흩날리는 산책로를 달린다. 재잘대는 새소리와 규칙적인 내 발소리만이 들려올 뿐 총소리 같은 건 어디에서도 들리지 않는다. 누군가와 비교할 필요가 없는 가벼운 발걸음. 나는 그저 느릿하게 불어오는 봄바람의 속도에 맞춰 한 발 한 발 움직일 뿐이다.

가끔 나보다 조금 더 빠른 러너가 스쳐 지나가지만, 조금도 조급해지지 않는다. 그저 각자의 속도로 달리고 있을 뿐이라는 걸 알기 때문이다. 내 속도만큼이나 유유히 흐르는 강물이 햇살을 잘게 부숴내는 걸 바라보며 문득 궁금해졌다.

그렇게 무섭고 싫었던 달리기가 어떻게 내 삶의 일부가 되었을까?

바로 달리기에 대해 두 가지 편견을 내던지고 나서부터였다.

하나는 달리기는 언제나 빨라야 한다는 편견이었다.

달리기가 겁이 났던 결정적 이유는 '지는 게 싫어서'였다. 어릴 때는 다른 친구들에게 지는 게 싫어서였지만, 어른이 되고 나니 나 스스로에게 지는 상황이 더 싫고 무서웠다. 나를 바꿔보자는 당찬 마음으로 시작한 달리기인데, 죽을상이 되어 숨을 깔딱대다가 포기해버리는 나를 만나게 될까 봐 두려웠다.

그런데 문득 그런 생각이 들었다.

내가 누구와 경쟁하는 것도 아닌데

왜 빨리 달려야 하지?

걷는 것보다 약간만 빨리 달려볼까?

그래서 막연히 '이 정도로 달려야 해'라고 생각하던 달리기 속도의 60~70퍼센트 수준으로 줄여서 천천히 달려보았다. 그야말로 신세계였다. 전혀 힘들지 않았다면 과장이지만, 정말 '수월하게' 달렸다. 심지어 30분 가까이 쉬지 않고 달릴 수 있었다.

내가 버린 또 하나의 편견은 힘든 순간을 어떻게든 극복해내야 한다는 생각이었다. 우리는 목표를 다소 과하게 잡는 경향이 있다. 그래야만 뭔가를 성취했을 때 제대로 해냈다는 생각이 들기 때문일 것이다. 하지만 그 과한 목표 탓에 결국 아무것도 시작하지 못하는 경우가 많다. 목표를 달성하기 위해 감내해야 할 고통이 얼마나 클지 상상만 하다가 지레 포기하는 거다. 또 시작했다 하더라도 금방 높은 벽에 부딪쳐 낙담한다.

달리기는 그렇게 해서는 안 된다. 온갖 오기와 패기로 간신히 목표만큼을 달려냈다고 해도 그건 한두 번뿐이다. 몸이 버티지 못하기 때문이다. 다음 날도 달리려면 몸이 가벼워야 하는데, 전날의 그 운동 강도를 버텨낼 체력을 회복하려면 많은 시간이 필요하다.

그러니 힘들다는 기분이 들기 전에 끝내보자.

왠지 조금 더 달릴 수 있을 것 같은 날에도

딱, 거기까지만 하고 돌아오자.

그래야 다음 날이 기다려진다. 달리기는 그렇게 늘려가야 한다.

모든 변화에는 용기가 필요하다. 겁이 나는 건 당연하다. 다시 한 번 말하지만 겁나는 이유를 자세히 들여다보면, 대부분은 과도하게 목표를 설정하기 때문이다. 우리는 대체로 목표를 높게 잡고, 그 목표에 도달하지 못했을 상황을 두려워한다.

물론 목표를 높게 잡는 것 자체가 나쁘다고 할 순 없다. 문제는 조급하게 이루려는 마음에 있다. 그러므로 장기적으로는 원대한 목표를 갖고, 단기적으로는 실현 가능한 목표를 구분 지어 설정하는 것이 중요하다.

이 단기 목표는 가능한 한 낮게 잡는 것이 좋고, 매일이나 매주 달성할 수 있는 작은 목표들로 설정하는 것이 이상적이다. 작은 목표들을 이뤄내면 지속적인 성취감이 들고 자신감이 높아진다. 무엇보다도 이렇게 작은 성공들이 쌓이면 장기 목표를 향해 나아가는 발판이 된다.

목표를 낮춰 잡아 작은 성공을 반복하면서 성장하는 것, 조금 느리더라도 장기적 관점을 갖고 꾸준히 할 수 있는 환경을 만드는 것. 달리기도 인생도 결국 꾸준하게 나아갈 수 있는 페이스를 유지하는 게 중요한 이유다.

마라톤을 피크닉처럼, 마라닉 페이스의 탄생

달리기 시작한 지 한 달 정도 지났을 무렵 친구 막시의 초대를 받아 서울 노원구 기반의 마라톤 클럽 '해피러닝'에 가입했다. 뭐든 혼자 할 때 더 편안함을 느끼는 성향이라 꽤나 머뭇거리다 나간 정모 첫 날. 나보다 나이가 훌쩍 많은 형님 누님들이 내뿜는 건강하고 밝은 에너지에 매료되었다.

대부분 달리기를 10년 이상 해온 분들이었는데, 하나같이 실제 나이보다 10년 이상은 젊어 보여 깜짝 놀랐다. 달리기는 몸과 마음을 동시에 단련시켜준다는 선배 러너들의 말이 허세가 아님을 실감했다.

클럽 활동을 하다 보니 특히 마음 맞는 몇 명이 있었다. 그들과

소그룹 달리기 모임을 결성했는데, 달리기나 인생을 대하는 태도에서 비슷한 점이 많아 금세 더욱더 친해졌다(지금의 〈마라닉 TV〉가 있기까지 정신적 지주가 되어준 '홍시기' 형도 이때 만났다).

누군가와 함께 달리는 게 이렇게 재미있을 수 있다는 사실이 마냥 놀라웠다. 우리는 주말마다 만나 공원과 숲길, 산과 바다를 달렸다. '달렸다'라고는 하지만, 중간중간 걷고 사진 찍고 각자 배낭에 싸온 간식들을 꺼내 먹으며 시시덕거리는 시간이 더 많았기에 초보인 나도 부담 없이 함께할 수 있었다. 어떤 날은 달린 시간을 다 합쳐도 30분이 되지 않을 때도 있었다.

우리의 달리기는 말 그대로 소풍이었고,
회복의 시간이었다.
마라톤을 피크닉처럼 즐기는 것.
아… 이런 게 '마라닉'이구나.
속도는 중요한 게 아니었구나.

무엇이든 빨라야 인정받는 세상에서 나의 '느린' 달리기는 어쭙잖게 보일 수 있다. 그렇지만 뭔가를 '즐긴다'는 의미를 비로소 알 것 같았다. 그 어떤 때보다 많은 것을 보고 느끼고 얻은 시간이기도 했다. 때로는 막다른 길을 만나기도 했고, 때로는 끝이 보이지 않는 오르막을 만나기도 했지만 그 나름대로 즐거웠다. 또 언제나 명확한 목적지만 있다면 쉽게 길을 잃지 않는다는 것도 배웠다.

남보다 빠르지 않아도 충분히 즐거워서 자꾸자꾸 달리고 싶어졌다. 자주, 꾸준히 달리다 보니 비 온 뒤 대나무 순이 몰라보게 자라나듯 달리기 실력이 쑥쑥 늘었다.

철학자 마크 롤랜즈Mark Rowlands는 《철학자와 달리기》에서 "젊음은 행동이 놀이가 되는 곳마다 존재한다"라고 했다. 다른 무엇을 목적하지 않고 그 자체로 의미 있는 행동을 하는 곳에 젊음이 깃든다는 의미일 테다. 적어도 우리에게 달리기는 다른 목적이 아닌, 그 자체로 의미가 있었다. 달리기는 우리에게 놀이였다. 어른이 된 우리는 '달리기'라는 '놀이'를 통해 '젊음'을 되찾을 수 있었다.

나의 놀이가 달라지자 내 아이들의 놀이 시간도 달라졌다. 이제 두 살, 세 살 된 아이의 아빠가 주말에 자신만의 놀이 시간을 만들기란 참 쉽지 않다. 그래서 나는 새벽 시간을 활용하기로 했다. 늘 아쉽기만 한 주말을 좀 더 실속 있게 보내자는 계획이었다.

회사에 나가지 않기 때문에 오히려 주말엔 더 가볍게 일어날 수 있었다. 주말 달리기는 새벽 5~6시면 시작됐고, 실컷 뛰놀다 들어와도 오전 8~9시였다. 샤워를 마치고 커피 한 잔 내려 마시고 있을 즈음에야 다른 가족들이 일어났다. 그때쯤 이미 나는 아이들과 놀아줄 만반의 준비가 되어 있었다. 체력이 점점 좋아질수록 아이들과 놀아주는 시간이 늘어났다. 특히 함께 달리고 던지고 차고 숨어주는, 이른바 몸으로 하는 놀이를 즐겨 했다.

당시 내 아이들 또래의 자식을 가진 아빠들의 푸념은 비슷했다. 몸으로 놀아줄 수 있는 건 1시간이 최대이고, 그렇게 놀고 나면 방전돼서 남은 주말엔 소파에 누워서 지내야 한다고. 그래서 웬만하면 보드게임이나 장난감 놀이처럼 방 안에서 할 수 있는 놀이로 시간을 때우거나 스마트폰을 쥐어준다고 했다.

하지만 우리 집은 달랐다. 몇 시간씩 함께 놀아도 나는 끄떡없었지만 이른 오후쯤 되면 아이들이 먼저 지쳐 잠들었다(물론 저녁 무렵 충전된 몸으로 내게 다시 매달렸지만). 그러니 아내에겐 주말 육아를 전담해주는 고마운 남편이 되었고, 아이들에겐 최고의 페이스메이커가 되어주었으며, 스스로 건강도 찾아가는 든든한 가장이 되었다. 주말을 십분 활용해 가족들은 물론 나의 놀이 시간을 부족함 없이 즐기면서 한 주간 쌓인 피로와 스트레스는 대부분 해소했다. 월요일이 돌아오면 다시 힘을 내서 내 일에 집중할 수 있었다.

마라톤과 피크닉. 상반되어 보이는 두 개념이 '꿀조합'이 되는 것처럼, 나와 가족, 건강과 일, 혼자와 함께 이 모든 것들이 조화를 이룰 때 행복이 찾아온다는 걸 알게 되었다. 마라닉은 결코 달리기에만 적용되지 않는다는 것도.

훗날 내가 달리기를 소재로 유튜브 채널을 시작해보겠다고 했을 때, 친구들이 이구동성 한 단어를 말했다. 마라닉 TV.

달리기나 인생이나 속도를 늦추고 전반적으로 균형을 잘 맞춰가는 게 중요하다는 철학에 모두 공감했다.

그렇게 속도보다는 명확한 방향 설정을 기준에 둔 '마라닉 페이스'의 개념이 잡혔고, 〈마라닉 TV〉가 탄생했다. 마라닉 페이스에 대한 이야기는 앞으로 차근차근 풀어나가보겠다.

몸부터 챙기는 게 답이다

고민이 있거나 해결해야 할 문제가 생기면 주섬주섬 운동화부터 찾아 신는다. 책상 앞에 앉아 아무리 머리를 싸매고 펜대를 굴려봤자 쉽게 해결되지 않는다는 걸 알기 때문이다.

가지가 멋들어지게 늘어진 능수버들 길을 따라 천천히 달려나간다. 신선한 공기를 마시며 호흡의 리듬에 맞춰 발을 굴리다 보면 굳어 있던 몸이 유연해지고 닫혀 있던 마음이 활짝 열리는 게 느껴진다. 잡다한 생각들로 가득 찼던 머릿속에 공간이 생기는 순간이다. 이쯤에서 의문이 생길 수 있다.

몸이 유연해지면 마음이 열리고, 머릿속에 공간이 생긴다고? 너무 비약 아닌가?

한번 생각해보자. 몸이 찌뿌둥하고 뻣뻣한 날 마음이 온전한 적 있는지. 온종일 몸에 신경 쓰느라 다른 생각이 들어올 여지가 없었을 것이다.

이렇게 몸과 마음은 긴밀하게 연결되어 있어서 분리해서 생각하기 어렵다.

일상에서 우리 몸이 받는 스트레스는 엄청나다. 우선 인류 진화의 결과인 직립보행으로 인해 척추가 견뎌야 하는 하중 자체가 너무 크다.

오늘 여러분이 한 일들을 떠올려보자. 책상에서 업무 보기, 장시간 운전하기, 소파에 앉아 있기 등 반나절을 앉아서 보낸 것만으로도 우리 몸은 쉽게 피로해지고 경직된다. 그렇기에 운동을 통해서, 특히 걷기나 달리기처럼 자연스럽게 움직이는 활동을 하여 경직된 몸을 풀어주면서 적절히 단련시켜줄 필요가 있다. 이런 과정은 비단 몸뿐만 아니라 마음에도 좋은 영향을 미친다. 또 몸이 가뿐해지면 마음이 신경 써야 할 과제 하나가 줄어드는 것이므로 다른 일에 신경 쓸 여유가 생긴다.

마음이 아프다고 해서 몸을 움직일 수 없는 건 아니다. 의지만 있다면 어떻게든 끌고 나갈 수 있다. 하지만 몸에 병이 오면 마음을 움직이기 쉽지 않다. 몸과 함께 마음도 굳어가기 마련이다.

당장 아무것도 할 수 없을 것 같은 기분이 들 땐

체력이라도 길러두자.

몸에 근력이 붙으면 마음 근력도 붙는다.

나도 뭔가 해낼 수 있지 않을까 하는 기대감이 커진다.

아주 작은 기회라도 찾아왔을 때

거침없이 부딪쳐보는 용기가 생긴다.

까짓것 잘 안돼도 다시 하면 된다는 여유도 생겨난다.

결정적으로 남들은 힘들어서 못 하겠다는 일을 '나는 할 수 있다'는 자신감이 생긴다. 이 모든 게 그동안 쌓아온 체력 덕분이다.

회사를 나와 유튜브를 처음 시작할 때, 해보고 정 안되면 매제가 하는 택배일이라도 따라다니며 배워야겠다고 다짐했다. 달릴수 있는 체력이 있으니 수백 개씩 택배 상자를 나르는 일도 가능하리라 믿었다.

강해진 근력을 바탕으로 지면을 박차고 앞으로 나아간다. 내발 굴림에 맞춰 멈춰 있던 생각들도 나아간다. 그토록 절절매며 고민하던 것들은 어느새 사라지고 그 틈으로 새로운 점 몇 개가 찍힌다. 어디선가 날아온 홀씨가 잘 자리를 잡아 새싹을 틔워내듯 새로운 생각들은 새로운 해법들을 제시한다. 내 유튜브 콘텐츠 아이디어 중 상당수는 이런 과정을 거쳐 얻어졌으며 새로운 사업의 단초

마라닉 페이스

들 또한 달리는 동안 떠오른 것들이 대부분이다.

직면한 문제들을 도무지 풀 길 없어 보일 때, 더 할 수 있는 게 없다고 느껴질 만큼 무력할 때 그저 운동화를 챙겨 신고 밖으로 나가보라. 나를 감싸고 있던 공간이 수백, 수천 배 넓어지면서 생각이 확장되는 경험을 할 수 있다. 방금 전까지 고민하던 것들이 인생의 아주 작은 일부에 지나지 않는다는 사실을 깨닫게 되면 생각의 방향이 달라진다. 새로운 해법이 나타난다.

넉넉한 허공을 바라보며 한없이 뻗은 길 위에
내 작은 발자국들을 채워 나간다.

그러니, 뭔가 꼬일 대로 꼬여가는 기분이 들 때는 몸부터 챙기는 게 답이다.

내 한계를 정하는 건
다름 아닌 나 자신

〈마라닉 TV〉 콘텐츠 중에는 달리기를 시작하고 몸과 마음의 건강을 되찾은 분들을 인터뷰한 영상들이 많다.

갱년기 이후 무언가에 의지하지 않으면 일어서기도 힘들었던 57세 여성이 달리기를 통해 건강을 되찾고 마라톤까지 완주한 사연. 오랜 시간을 초고도 비만으로 살아오던 40대 주부가 달리기 시작한 후로 40kg을 감량하고 우울증을 극복한 사연. 불의의 사고로 무릎 연골을 70퍼센트 이상 제거한 뒤 장애 6급 판정을 받은 남성이 꾸준히 달려 서브 3(풀코스 마라톤 3시간 이내 완주)라는 엄청난 기록을 세우기도 한 이야기도 있다.

이 밖에도 자신의 한계라고 생각했던 지점을 극복하고 더 큰 성공을 이룬 사례는 수도 없이 많다.

나 역시 마찬가지다.

'30분 이상 달리는 건 불가능해'라고 선을 그어둔 건

다른 누구도 아닌 나 자신이었고,

그 선을 지워내고 42.195km를 달려낸 것도 나 자신이다.

방송국을 박차고 나가는 순간 내 모든 경력은 단절되고 사회에서 도태되리라는 한계를 만들고 살아왔던 것도 '나'이며, 언제 어디서 무엇을 하든 내가 하고 싶고, 되고 싶은 대로 해낼 수 있다고 생각을 바꾼 뒤 실제 그런 삶을 살고 있는 것도 '나'다.

'내 한계를 정하는 건 다름 아닌 나'라는 인식을 뼈저리게 새기는 건, 내 미래를 변화시키는 데에 앞서 매우 중요한 일이다. 우리가 설정하는 스스로의 한계는 사회적 기준, 주변 사람들의 의견, 그리고 종종 너무 많은 정보에의 노출 등에서 비롯된다.

"그렇게 달리면 관절이 남아나질 않을걸." 내가 달리기를 시작하고 가장 많이 들었던 말이다. 또한 달리기를 싫어했던 내가 달리지 않을 구실로 삼던 말이기도 하다. 이제는 안다. 이렇게 생각하고 말하는 사람 중에 실제로 달려본 적 있는 사람은 많지 않을 거라는 걸. 이처럼 우리는 지레 한계를 설정해두고 변화에 대해서 회의적이다. 이유가 뭘까?

나의 경우 그 원인을 세 가지 요인에서 찾을 수 있었다.

첫째, 부정적 자기효능감^{Negative Self-Efficacy}.

과거의 나는 스트레스 상황에서의 회복력이 낮았기 때문에 목표 설정을 보수적으로 하고, 새로운 일에 도전하는 것을 심드렁하게 여겼다.

한국 여자 배구의 레전드 김연경 선수는 초등학교 시절, 배구 선수로서는 평균에 못 미치는 142cm의 신장으로 배구를 시작했다. 워낙 키가 작다 보니 경기에서 뛰지 못하고 벤치에 앉아 있던 시간이 많았는데, 오히려 그때 여러 선수들의 플레이를 주의 깊게 관찰하며 배울 점을 찾았다고 한다.

또 키가 작았기 때문에 다양한 포지션에서 플레이해볼 수도 있었다. 이런 점들은 그녀를 세계적인 선수로 만들어준 동력이 되었다. (남들이 보기엔) 확실한 핸디캡이 있었지만, 스스로 좋은 배구 선수가 될 것이라는 신념을 버리지 않았던 결과라고 본다.

사회학습이론의 주창자인 앨버트 반두라^{Albert Bandura}는 자기효능감^{Self-Efficacy}이라는 개념을 강조했다. 자기효능감은 개인이 자신의 능력을 믿고 특정 과제를 성공적으로 수행할 수 있다고 느끼는 신념이다. 그는 개인의 목표 설정, 도전에 대한 접근 방식, 그리고 스트레스 상황에서의 회복력이 성공 여부에 중대한 영향을 미친다고 주장했다.

이와 반대되는 부정적 자기효능감을 가진 사람들은 도전을 피하고, 실패를 두려워하며, 자신의 능력을 낮게 평가하는 경향이 있다. 이들은 자신감이 부족해 새로운 과제나 목표에 매우 소극적으로 접근한다. 결과적으로 성장과 발전의 기회를 스스로 제한하게 된다. 과거의 나처럼.

둘째, 실패에 대한 두려움.

이전의 나는 실패하지 않으려는 성향이 강한 사람이었다. 그러다 보니 늘 '실패'라는 부정적 가능성에 더 집중해왔고, 실패하느니 아예 시도하지 않는 쪽을 택했다.

실패에 대한 두려움은 우리가 도전적인 목표를 설정하길 꺼리게 되는 아주 큰 요인이다. 이런 두려움은 사회적 평가에 대한 걱정, 자신의 능력에 대한 의구심, 실패가 자신의 자존감에 미칠 영향에 대한 우려에서 비롯된다. 사람들은 종종 실패가 자신의 가치를 평가하는 척도가 될 수 있다고 믿기 때문에, 실패 가능성을 줄이기 위해 매우 보수적으로 목표를 설정한다.

그동안 자연재해, 핵전쟁, 인공지능의 위협 등과 같은 전 지구적인 재난이 인류의 존재를 위협할 수 있다고 주장하는 사람들은 많았다. 이런 위협으로부터 인류를 보호하기 위한 방법 중 하나로 화성으로의 이주라는 파격적인 대안을 제시한 일론 머스크Elon

Musk는 상상의 방향이나 크기 자체가 여느 사람들과는 달랐다. 그는 상상에 그치지 않고, 스페이스X라는 기업을 만들어 실제로 로켓을 쏘아 올렸다.

초반엔 실패의 연속이었다. 2006년, 2007년, 그리고 2008년에 걸친 로켓 발사는 모두 수포에 그쳤다. 연이은 실패는 회사에 재정적으로 큰 타격을 줘 파산 위기에 처하기도 했다. 하지만 머스크는 포기하지 않았고, 2008년 9월 네 번째 시도에서 로켓을 성공적으로 지구 궤도에 도달시켰다. 이 성공은 NASA와 큰 계약(우주 화물 운송 계약)을 맺는 길을 열어주었고, 이후 스페이스X는 우주산업에서 가장 영향력 있는 회사 중 하나로 성장했다.

머스크는 이때를 회고하며 "실패는 옵션이 아니라 성공으로 가는 필수적인 과정이다"라고 말했다.

누구나 처음부터 잘 달릴 수는 없다. 달리는 과정에서 부상을 겪는 일도 비일비재하다. 하지만 우리 몸은 일정 부분 부상과 회복의 과정을 통해 성장한다. 물론 직접 해봐야 아는 일이다. 지금의 나는 실패가 예전만큼 두렵지 않다고 감히 말한다. 오히려 기꺼이 실패할 만한 일들을 찾아 새로운 시도들을 할 수 있게 되었다.

세 번째, 고정된 사고방식.

고정된 사고방식에 대한 흥미로운 실험 결과가 있다. 스탠퍼드 대학의 심리학자 캐럴 드웩Carol Dweck은 학생들을 두 그룹으로 나누어 실험을 진행했다. 한 그룹의 학생들에게는 지능이 고정된 특성이라고 설명했고(고정된 사고방식), 다른 그룹의 학생들에게는 노력과 학습을 통해 지능을 발전시킬 수 있다고 가르쳤다(성장 사고방식).

연구 결과, 성장 사고방식을 가르친 그룹의 학생들이 과제에 더 큰 의욕을 보이고, 어려운 과제에도 더 적극적으로 임하며, 전반적으로 더 좋은 학업 성과를 달성한 것으로 나타났다. 심지어 연구가 끝나고 시간이 많이 지난 후에도 학업 성취와 성장도가 높아지는 양상까지 밝혀졌다. 그러나 고정된 사고방식을 가진 학생들은 능력이 타고난 것이라 믿기에 새로운 도전을 피하고, 자신이 성공할 수 있다고 확신하는 범위 내에서만 움직였다.

"상상력은 지식보다 중요하다. 지식은 우리가 알고 있는 것에 한정되어 있지만, 상상력은 전 세계를 아우른다." 알베르트 아인슈타인Albert Einstein의 말이다.

결국 우리의 한계선은 우리가 얼마나 멀리 보고, 얼마나 크게 꿈꾸며, 그 꿈을 이루기 위해 얼마나 용기 있게 도전하느냐에 따라 무한히 확장될 수 있다. 자유롭게 상상력을 펼치되, 작은 성공을 통해 자신감을 쌓아가며, 실패하더라도 이 또한 성장의 기회로 삼겠다는 마음이 중요하다. 우리 모두는 더 크고 원대한 꿈을 꾸고, 그 꿈을 현실로 만들기 위한 여정에 나설 자격이 있다. 이왕 변화해보기로 마음먹었다면 좀 더 큰 목표를 상상해보자.

결심이 시작을 만든다

10년 전의 나를 잠시 떠올려보자. 그때 무엇을 결심했던가?

지금의 내 모습이 만족스럽다면 10년 전의 내가 좋은 결심을 했다는 뜻일 테다. 만약 그렇지 않다면 득 될 것 없는 결심을 했거나 혹은 아무 결심도 하지 않은 데에 대한 결과라고 단호하게 말하고 싶다.

30대 즈음, 내게 벌어지는 모든 일들은 20대의 내가 했던 결심의 결과였다. 지금 같은 상황에서는 운동할 여유가 없으니 미루겠다는 결심은 바쁘다는 핑계로 부린 나태였고, 술과 담배 정도는 사회생활을 위해 필요하니 적당히 배워두자던 결심은 밥벌이를 명목으로 즐기려던 꼼수였을 뿐이었다. 그렇게 10년이 흘렀으니 몸이 그 지경이 된 건 너무나 자명한 결과다.

하지만 다행히도 너무 늦기 전인 30대 중반, 새로운 10년을 위해 새롭게 살기로 결심했다. 10년이 지난 뒤에도 똑같은 고민을 하고 있을 나를 상상하니 정신이 번쩍 들었다.

당장에 담뱃갑을 구겨 휴지통에 집어 던졌고, 달리기로 마음먹곤 '식스 팩'까지는 아니어도 출렁이는 뱃살은 없애버리기로 결심했다. 거울 속 생기 잃은 내 얼굴도 더 이상 보고 싶지 않았다. 갑자기 의식을 잃고 응급실에 실려 다니다 불식간 생을 마감할지 모를 끔찍한 상황은 만들면 안 되겠다고 결심했다. 야근을 밥 먹듯 한 거대한 닭장 같던 건물에서 빠져나오겠다는 결심도 그 무렵에 했다. 그리고 40대 중반이 된 지금, 그 모든 결심대로 이루어져 있다.

이제 명확하게 알게 되었다.
지금 내가 하는 결심들이 10년 후의 나를
결정한다는 사실을.
또한 아무것도 결심하지 않으면
아무 변화도 일어나지 않을 거란 걸.

내 인생이 지금처럼 바뀐 건 담뱃갑을 구겨 던지던 바로 그 순간부터였고, 달리기로 결심하고 운동화 끈을 묶던 바로 그날부터였다. 회사를 나와 나만의 길을 개척해보겠다고 결심한 그 순간부터 이 모든 변화가 시작되었다. 누구도 나를 바꿔줄 수도 도와줄 수도 없다는 사실을 깨닫고 나서 한 결심들이다.

과연 내가 해낼 수 있을까? 달리기를 하다가 도가니가 나가면 어쩌지? 안정적인 직장을 그만두고 가족들을 먹여 살릴 수 있을까? 오만가지 걱정들이 따라붙었지만 과감히 차단했다.

그리고 결심한 그날부터 바로 행동으로 옮겼다.

담배를 버리고 돌아온 책상 앞에서 다이어리를 펴고 "죽기 전까지 내 손가락에 담배가 끼워질 일은 없을 것이다"라고 적었다. 실제로 그날 이후 지금까지 단 한 번도 담배를 피우지 않았다. 살짝 건드려보는 건 물론 손가락 두 개를 벌리는 시늉조차 하지 않으려고 노력했다. 내가 얼마나 유혹에 쉽게 넘어가는 사람인지 너무 잘 알기 때문이다.

술을 마시면 담배를 피우고 싶은 욕망이 커지기 때문에 한 달여간 술도 마시지 않았다. 1주가 지나고 한 달이 지나자 점차 자신감이 생겼다. 그 힘든 금연을 해냈다는 사실에 스스로도 기특했다.

달리기도 이렇게 시작해보자는 생각이 들었다. 다시 다이어리를 폈다. 그러곤 적었다.

"나는 이제 달리는 사람이 된다. 무슨 일이 있어도 나는 달리기를 한다."

책상 앞에 복근을 드러내며 자신 있게 웃고 있는 배우 이병헌 씨의 사진을 프린트해 붙여두었다. 그날 즉시 운동화 끈을 묶고 밖으로 나갔다. 한동안 달리기 전날에는 술도 마시지 않고 일찍 잠자리에 들었다.

그렇게 몇 달 후 나는 '달리는 사람'이 되어 있었다.

신기했다. 불과 몇 달 전과는 완전히 다른 사람이 된 기분이었다. 그저 결심하고 적고 실행하니 이뤄지는 이 간단한 원리를 여태 모르고 살았다는 게 안타까웠지만, 이제라도 알게 돼 다행이라는 안도감이 더 컸다. 금연과 달리기를 통해 알게 된 '결심의 힘'을 다른 것들에도 하나둘 적용해나가기 시작했다.

어딘가에 종속된 삶이 아닌, 스스로 판단하고 결정하는 주체적인 삶을 사는 10년 후 내 모습을 다이어리에 적었다. 조직 생활 대신 혼자 유튜브를 하기로 결심하고 실행할 수 있었던 원동력 역시 이 결심의 힘에서 나왔다.

지금도 나는 새로운 결심을 하면 다이어리에 적은 후 바로 행동으로 옮기는 과정을 즐기고 있다. 결심한 대로 이뤄지는 놀라운 마법을 많이 경험했기에 의심 없이, 거침없이 적어 나간다. '이게 과연 될까?' 싶은 생각이 드는 거대한 목표도 과감히 적는다. 단, 그런 목표일지언정 명확하고 세세하게 적는다. 그때마다 불안감도 찾아오기 마련이다. 하지만 무시한다. 당장 이뤄낼 방법은 나도 모른다. 하지만 결심하고, 적고, 아주 작게나마 일단 시작을 해보면 방법들이 하나둘씩 보이기 시작한다.

결심이 시작을 만들고, 시작이 지금의 나를 만든다.

지금 쓰고 있는 이 책 역시 내가 결심했던 10년 전의 결과다. 물론 10년이나 걸렸지만 결국 이뤄진 것이다. 지금 결심하고 바로 실행하면 10년 안에는 반드시 이뤄진다. 누군가는 '10년이면 너무 오래 걸리는 거 아닌가?'라고 물을 수도 있다. 하지만 이런 생각 때문에 우리는 아무것도 이뤄내지 못한다.

변하려면 기억해야 할 세 가지

달리기를 시작한 지 얼마 안 될 즈음, 누구나 그 매력에서 헤어 나오기 힘든 시기가 있다. 달릴 수 있는 거리가 늘수록, 속도가 빨라질수록 하루하루 생기가 돌고 자신감이 붙기 때문에 더 빨리, 더 많이 뛸 수 있을 것 같은 예감에 사로잡혀 맹목적으로 거리를 늘려가게 된다.

하지만 어느 순간부터 몸이 말을 듣지 않는다. 마치 배터리가 5퍼센트쯤 남아 있는 로봇 장난감처럼 다리가 앞으로 나아가질 않는다. 심지어 지난 몇 주에 비해 속도가 떨어지고 거리가 줄기도 한다. 안 아프던 곳들이 갑자기 아파오기도 한다. 나의 경우, 주로 오른쪽 무릎의 바깥쪽(장경 인대) 통증이 심했는데 달리고 돌아오면 온종일 기분 나쁜 통증이 따라붙었다.

실망감이 엄습했다. 역시 달리기는 내게 무리인 운동이었나? 강행하다가 자칫 걷기도 힘들어지면 어쩌나? 하지만 이대로 물러선다면 머지않아 과거의 나로 되돌아갈 것이 뻔히 보였다.

그때부터 달리기 선배들에게 조언을 구했다. 한 선배가 이런 말을 해주었다.

"올레는 달리기에 좋은 신체 구조를 가지고 있어. 분명 더 멀리 잘 달릴 수 있을 거야. 이참에 아예 풀코스 마라톤에 도전해보는 건 어때?"

그러고는 몇 권의 책을 추천해주었다. 한 권 한 권 정독하다 보니 그간 내가 무식하게 속도와 거리를 높여가는 것에만 집중해 달려왔다는 사실을 깨달았다. 명확한 목표가 없었다는 점도 문제였다. 그저 하루빨리 더 빠르게 달리려는 욕심에 눈이 먼 것이다.

달리기에도 명확한 목표가 필요하다는 것, 체계적인 과정을 거치면 누구나 마라톤 완주가 가능할 정도로 성장할 수 있다는 것을 처음 알았다. 사람마다 차이가 있지만 일반적으로는 월 150km 정도의 누적 거리를 달릴 수 있게 된다면 완주 가능성이 더 높아진다는 사실도 알게 되었다.

풀코스 마라톤이라니… 불과 몇 개월 전의 나라면 꿈도 꾸지 못할 목표였다. 머릿속에 '풀코스 마라톤'이란 단어가 입력된 이후 나는 마라톤 피니시 라인을 통과하며 두 팔을 번쩍 치켜올리는 내 모습을 자꾸 그려보았다. 완주 메달을 목에 걸고 활짝 웃으며 사진을 찍는 모습까지 아주 구체적으로 말이다. 점차로 '그날이 오기만을…' 하는 간절한 마음이 강하게 들었다.

약 3개월 후, 나는 10km 남짓 달리던 러너에서 하프 마라톤을 완주하게 될 정도로 급성장했다. 남들보다 비교적 비약적인 성장을 이뤘지만 속도는 가급적 생각하지 않으려고 애썼다. '풀코스 마라톤 완주'라는 장기적이고 명확한 목표를 이루기 위해서는 속도에 대한 집착을 버리고 부상 없이 마일리지를 차곡차곡 쌓아가는 것이 중요했기 때문이다. 누적 거리를 차근차근 늘려감에 따라 기초 체력이 엄청나게 단련되었고, 월별로 체계적인 훈련 목표를 세울 수 있었다.

그로부터 4개월 후에는 풀코스 마라톤 완주라는 목표를 달성했다. 그것도 모든 아마추어 러너들이 이루고 싶어 하는 서브 4(풀코스 마라톤 4시간 이내 완주)의 기록으로.

첫 풀코스 마라톤을 완주한 이후엔 '3시간 30분 이내 완주'라는 명확한 목표를 다시 세우고 꾸준히 누적 거리를 채우면서 내 수준을 조금 웃도는 훈련을 병행하며 목표를 이루어냈다. 또한 보스턴마라톤 참가를 목표로 3시간 14분이라는 기록도 만들어낼 수 있었다.

일련의 과정을 거치면서 목표 도달을 위해 필요한 몇 가지 요소가 있음을 깨달았다.

① 명확하고 구체적인 목표의 설정

② 단계적으로 발전하기 위한 세부 목표

③ 목표를 이뤄내야 하는 간절한 이유

이 세 가지는 달리기뿐만 아니라, 인생 전반에 걸쳐 다른 목표를 이루고자 할 때도 적용할 수 있다.

나는 직업 전환의 기로에서도 이 '목표 도달에 필요한 3요소'를 적용하기로 했다. 앞서 밝혔듯, 당시 방송 프로그램 제작 PD로서 내 역량에 고민이 많았고, 스스로 어느 정도 냉철하게 평가를 내린 상태였다. 방송사들이 재정난으로 인해 점점 힘들어지고 있다는 현실적인 문제도 고려 대상이 되었다. 또 내가 방송 PD가 되고 싶었던 이유를 상기해낸 것도 주요했다. 나는 많은 사람들에게 좋은 영향력을 미치는 사람이 되고 싶었다.

우선 명확한 목표부터 세웠다. '100만 명의 구독자'가 내 유튜브 채널을 보고 달리기를 하는 모습을 상상했다. 전국적으로 러닝 커뮤니티를 형성하고 지역별 모임을 활성화해 구독자들이 함께 즐겹게 달리는 모습도 그려보았다.

그리고 그 목표를 단계적으로 이뤄내기 위한 세부 목표도 세웠다. 〈마라닉 TV〉 구독자 1만 명을 달성했을 때 전국의 구독자들을 만나서 같이 달리는 프로젝트를 계획했고, 계획대로 실행했다. 구독자가 5만 명쯤 됐을 때는 전국구 커뮤니티가 형성되어 있길 기대했는데, 규모 면에서 내 기대를 넘어선 어엿한 수준의 커뮤니티가 형성되었다(현재 회원 수 1만 명을 돌파한 네이버 밴드 '마피아런'에 대한 이야기는 뒤에서 좀 더 자세히 풀어보려고 한다). 이로써 구독자들이 지역별로 모일 수 있었고, 달리기를 함께 즐기는 문화가 차차 자리를 잡아갔다. 전국구 커뮤니티는 〈마라닉 TV〉가 더 큰 규모로 성장할 수 있는 힘이 되었다.

구독자 10만 명이 됐을 때는 달리기에 관한 책을 집필해야겠다고 마음먹었고, 이렇게 현실이 되었다. 아마도 20만 명이 된 이후에는… 전국을 돌며 달리기와 성공 마인드에 관한 강연을 하게 될 것이다.

단계적 목표를 이루는 과정에서 내가 최종적인 목표를 이루려고 하는 간절한 이유를 틈틈이 떠올렸다. 어딘가에 속박되지 않고 내 본연의 모습을 지키며 살아갈 수 있는 삶, 사랑하는 가족들과 더 많은 시간을 보낼 수 있는 삶, 현재에 안주하지 않으려는 사람들과

마라닉 페이스

더 나은 내일을 같이 꿈꿀 수 있는 삶. 내가 목표를 이루려는 가장 단순한 이유들이었다.

거듭 강조하자면, 가능한 한 구체적으로 목표를 세우는 것이 매우 중요하다. 목표를 수치로 나타내는 것도 방법일 것이다.

나는 구독자 수가 1,000명을 갓 넘었을 무렵부터 컴퓨터 모니터에 '10만 구독자 달성 축하!'라고 적어두었다. 중학생 딸이 그 메모를 보곤 "에이, 아빠! 아직 1만 명도 안 되면서 꿈이 너무 큰데?"라며 놀렸는데, 몇 년이 지나고 실버 버튼(유튜브에서 구독자 10만 명을 달성한 채널에 수여하는 상)이 집에 도착한 걸 본 딸이 "아빠! 진짜 됐네?" 하며 놀라던 표정이 기억난다.

변화의 필요성을 느끼고 변화해야 할 시작점을 찾았다면,
변화하게 될 나의 모습을 구체적으로 그려야 한다.
변화를 향한 이 여정에서 내가 발견한 것은
목표를 향해 나아가는 과정이 곧 내 삶의 질을
결정한다는 사실이다.

달리기를 시작했을 때의 그 설렘, 처음으로 마라톤을 완주했을 때의 성취감, 그리고 그 이후 달리기를 포함해 내 삶의 크고 작은 목표를 달성하기 위해 노력했을 때의 만족감은 모두 나를 한 단

계 성장하게 만들었다. 이 과정에서 중요한 것은 끊임없이 스스로를 돌아보고, 현재 내가 서 있는 위치에서 무엇을 할 수 있는지를 고민하는 것이었다.

변화는 끝이 없는 여정이다. 나는 계속해서 새로운 목표를 설정하고, 도전을 이어갈 것이다. 그 과정 속에서 더 많은 것을 배우고, 더 넓은 세상을 경험하며, 나 자신과 이 세상에 긍정적인 변화를 불러일으킬 것이다. 그리고 이 모든 여정은 나로 하여금 더 나은 사람이 되도록 이끌 것이며, 내가 꿈꾸는 삶을 실현하는 데에 중추가 될 것이다.

지금 나의 모든 패스워드에는 '100만 명'이라는 키워드가 들어 있다.

러닝화 고르는 기술

초보 러너들이 많이 묻는 질문이 있다. "러닝화가 없어서 시작을 못 하겠어요. 어떤 러닝화를 사는 게 좋을까요?" 참 난감하다. 똑같은 러닝화라도 어떤 사람에게는 그보다 안정적일 수 없지만, 다른 누군가에게는 더없이 불편하고 심지어 부상을 유발하기 쉽기 때문이다.

　요즘은 러닝화 브랜드도 다양하고 브랜드별 모델도 가지각색이어서 특히 초보자 입장에서는 뭘 선택해야 할지 몰라 혼란스러울 수 있다. 한데, 그 많은 종류의 러닝화만큼이나 다양한 게 러너들의 몸의 형태와 구조다. 발의 모양만 해도 발볼의 넓이, 발등의 높이, 발바닥 아치의 높이가 제각각 다르다.

　또 사람마다 골반의 가동 범위가 다르기 때문에 발바닥이 지면에 닿는 부위가 각기 다를 수 있고, 양쪽 다리의 길이가 조금씩 다른 경우도 많다. 이는 왼발과 오른발의 착지 지점이 달라진다는 뜻이기도 하다(내가 그렇다). 거기에 무릎이나 발목이 받는 하중은 개개인의 몸무게에 따라서도 달라진다.

　이렇게나 우리 몸의 형태와 구조는 다양하기에, 러너들 모두에게 '100퍼센트 잘 맞는 신발'이 존재하기 어렵다. 뿐만 아니라 주로에 따라서도 적합한 러닝화가 다 다르다. 그럼에도 러닝화를 고르는 기술에 대해 이야기하는 건 내가 10년 넘게 큰 부상 없이 잘 달릴 수 있는 이유 중 한 가지가 내게 잘 맞는 신발을 찾아가는 과정에 있었기 때문이다. 이 경험을 토대로 첫 러닝화를 고르는 분들을 위해 간단하지만 확실한 팁을 소개하고자 한다.

1. 매장에 가서 직접 신어본다

꼭 매장에 가서 '러닝화'로 구분된 신발을 직접 신어보는 것을 추천한다. 초보라면 더욱더 그렇다. 남들이 다 좋다고 하는 신발도 안 맞는 경우가 있기 때문에 직접 신고서 걸어보며 착용감이 어떤지 느껴봐야 한다. 내 경우, 직원의 동의를 구한 뒤 가볍게 달려보기도 한다.

2. '적당한' 사이즈의 개념을 명확히 한다

적당한 사이즈란 너무 끼지 않고 또 너무 헐떡거리지도 않는, 아주 약간의 여유가 있는 정도를 말한다. 꽉 끼면 달리는 동안 발이 빨리 붓기 때문에 발에 압박이 많이 가해질 것이고, 너무 헐떡거리면 신발 안에서 발이 조금씩 움직이면서 물집이 잡히거나 발가락 통증이 생길 수 있다. 직접 신었을 때 '편안하다'고 느껴지는 신발을 고르면 내게 잘 맞는 러닝화일 가능성이 높다.

3. 슈피팅을 적극 활용한다

더더욱 세밀하게 내게 잘 맞는 신발을 찾을 수 있는 방법이 있다. 바로 매장에서 '슈피팅Shoe Fitting'을 받아보는 것이다.

요즘은 자체적으로 슈피팅 서비스를 구축하여 고객들의 발 모양이나 구조, 정확한 사이즈 등을 파악한 후에 신발을 추천해주는 매장이 많이 생겼다. 한 번 슈피팅을 받아두면 내 발에 대해 확실하게 알 수 있으므로 러닝화를 고를 때 두고두고 도움이 된다. 그런데 이런 슈피팅 매장은 해당 매장에 보유한 신발 내에서만 권해주기 때문에 선택의 폭이 좁을 수 있다. 즉 매장엔 없지만 다른 어딘가에 나와 찰떡궁합인 러닝화가 기다리고 있을 수도 있다는 뜻!

4. 완벽한 신발을 찾아내겠다는 생각을 버린다

지난 11년 동안 거의 모든 브랜드의 신발들을 경험했고, 수십 켤레의 러닝화를 신어보았다. 이렇게 반복하다 보면 내게 잘 맞는 러닝화를 고르는 나만의 기준을 만들 수 있다.

물론 여전히 시행착오를 겪기도 한다. 남들이 다 좋다고 해서 산 신발이 처음에는 괜찮은 듯싶다가도 막상 두세 번 달려보면 뜻밖의 부위에서 통증이 생기기도 해 눈물을 머금고 처분하는 경우도 있다. 이런 일을 여러 차례 겪어보니, 달리기에서 진짜 중요한 건 러닝화가 아닐 수도 있다는 사실을 되새기게 된다.

초보 러너를 위한 각종 달리기 조언 글이나 영상에서 러닝화 선택의 중요성을 많이들 강조하고, 나 역시 유튜브 초기에는 그런 적이 있다. 하지만 지금은 다소 회의적인 입장이다. 오히려 '어떤 러닝화를 사야 하나?' 고민하면서 시간을 흘려보내기보다는 집에 있는 일반 운동화를 신고 일단 나가보면 좋겠다.

러닝화보다 중요한 건 지금 당장 한 발을 내딛는 일이라고 생각한다. 뭐든 완벽하게 준비해야 한다는 이유로 아무것도 시작하지 못하는 경우가 많은데, 일단 시작을 하면 수정할 것들이 비로소 보인다.

마지막으로 근육 손상이나 부상과 관련한 문제를 단순히 러닝화에서 찾는 분들도 있는데, 러닝화에 앞서 너무 무리하게 달린 건 아닌지, 휴식을 제대로 취하지 않았는지 등을 검토할 필요가 있다.

당신에게 보내는 한 줄

아무것도 바꾸지 않으면, 아무것도 변하지 않는다.

–토니 로빈스 Tony Robbins

Chapter 2

당신은 시작하게 됩니다

5km면 모든 것을 얻을 수 있다

그날은 평소와는 다르게 시작되었다.

보통의 아침처럼 이불 속에서 미적대는 대신 알람이 울리기도 전에 일어나 운동복을 꺼내 입었다. 뇌가 명령을 내리기도 전에 몸이 알아서 제 할 일을 하고 있는 듯했다. 순식간에 운동화 끈을 착 묶어낸 장면으로 전환되었다. 나는 어느새 강변을 달리고 있었다.

내 안의 어떤 목소리가 말하고 있었다. '오늘은 뭔가 다를 것이다.' 아직 새벽녘 어둠이 깔려 있었지만, 내 마음에선 이미 해가 떠오른 것 같았다. 배시시 나도 모르게 미소가 새어 나왔다.

그날은 내가 처음으로 5km를 달리는 날이었다.

예전에는 상상도 할 수 없었던 도전이 이제 나의 발아래 펼쳐지는 순간이다. 두려움과 설렘이 교차하는 가운데, 첫발을 내디뎠다.

얼마 전까지만 해도 5km는 내게 거대한 장벽과 같았다. 사실 5km가 어느 정도의 거리인지 생각해본 적도 없었다. 아, 그렇지. 아침 회의에 늦을까 봐 조마조마하며 홍대입구역에서 택시를 탄 적이 있다. 택시 호출 앱에 회사가 위치한 상암동까지의 거리가 5km 정도로 찍혔던 기억이 난다. 오, 마이 갓. 그 거리를 내가 달려서 간다고?

발걸음을 옮길 때마다 심장이 뛰는 소리가 더욱 또렷해졌다. 그것은 더 이상 몸이 버거워서 내는 이상 신호가 아니라 설레는 마음이 보내는 신호탄에 가까웠다. 그 순간 5km는 단순히 완주를 위한 거리가 아니었다. 스스로에 대한 믿음을 증명하고 한계를 넘어서는 새로운 경험의 상징이었다. 나는 진정으로 원하는 삶의 방향 쪽으로 나아가고 있음을 느꼈다.

'가슴 뛰는 삶'

정확하진 않지만 완주하는 데 대략 35분이 걸렸던 것 같다. 마지막 1km는 힘들었다. 하지만 그쯤이야 예상한 수준의 어려움이어서 별문제 없었다. 꾸준히 쌓아온 달리기 습관을 통해 고통에 대한 역치가 높아졌기 때문이리라. 또 남은 거리는 속으로 카운트다운을 하면서 달리니 빠르게 줄어들었다. 500m, 300m, 100m… 마지막 100m는 전력 질주(라고 생각하지만 얼마나 빨랐는지는 알 수 없다)에 가까운 속도였다. 정말 미친 듯이 신이 났다.

5km 지점을 통과했다. 심장이 펄떡펄떡 요동쳤다. '나는 5km를 뛸 수 있는 사람이구나.' 좀처럼 흥분의 여진이 가라앉지 않았다. 내가 얼마나 멀리까지 갈 수 있는지 궁금해졌다. 더 멀리 갈 수 있을 것 같았다. 가보고 싶었다.

그때부터 달리기는 내 삶의 궤적을 바꾸는 심오한 여정이 되었다. '성장'이라는 단어가 가진 진정한 의미를 생각하기 시작했다. 집착하듯 성공에만 매달렸던 시간들이 내 삶의 전반에 깔려 있던 게 사실이다. 남들에게 잘 보이기 위해, 사회적으로 인정받기 위해 발버둥질했다. 그건 참된 의미의 성장이라 할 수 없었다. 성장이란 타인에게 무언가를 증명하려는 것이 아니라, 순수하게 나 자신과의 연결고리를 강화하고, 내면의 힘을 발견하는 과정이어야 했다.

툭 터놓고 말해, 내가 몇 km를 달려냈다고 한들 사람들은 관심 없다. 오롯이 나 자신의 한계를 인식하고 그 너머를 탐험하려는 용기만이 달리는 동력이 되어야 한다. 달리기가 밖을 향할 필요가 없는 이유를 몸소 느끼자, 앞으로는 내게 반드시 필요한 성장에만 주목하기로 했다.

이후로도 5km 달리기를 지속했다. 약 30분 정도로, 짧다면 짧은 시간의 운동이 가져다주는 에너지는 하루 일과 내내 지속되었는데, 다른 어떤 활동보다도 그 효과가 컸다. 전문가들에 따르면, 30분을 달리면 우리 몸은 달리기를 통해 얻을 수 있는 거의 모든 건강상의 효과를 볼 수 있다고 한다.

30분 이상을 달리면 도파민과 세로토닌 등의 호르몬이 즉각적으로 분비되어서 긍정적인 기분으로 전환된다. 또한 머리가 맑아져 창의적 생각이 샘솟기도 하는데 내가 아이디어가 필요할 때 운동화를 꺼내 신는 이유이기도 하다.

30분 이상의 달리기는 혈압과 혈당을 조절한다. 성인병의 주요 원인이 체내 혈액과 관련이 있기 때문에 성인병의 발병 확률을 낮춰주는 것은 당연하다. 또 달린 후 14시간 동안 온몸의 신진대사를 활발하게 촉진시킨다. 이는 달리고서 일상생활을 하는 중에도 지속적으로 칼로리가 소비되기 때문에 체중 감량에 추가적인 도움이 된다는 의미다.

이 밖에도 근골격계 강화, 면역력 강화, 수면의 질 개선, 지구력 향상, 사회적 연결감 증대까지 이 모든 효능이 30분 이상의 달리기이면 충분하다고 하니, 하지 않을 이유를 찾기가 어렵다. 무엇보다 30분은 누구나 부담 없이 도전 가능한 시간이다. 처음부터 달리기가 힘들다면 빨리 걷기로 시작해도 좋다.

이제 나는 10km 달리기를 즐기는 러너가 되었다. 그렇지만 5km 달리기만으로도 성취감을 맛볼 수 있음을 알기에, 가끔 정말 달리고 싶지 않은 날엔 '그래도 30분만 가볍게 뛰자'며 운동화 끈을 조인다. 다 뛰고 나면 '역시 하길 잘했구나!' 소중한 선물을 안고 돌아오는 기분이 든다.

나의 첫 5km는 '5km 이전의 나'와 '5km 이후의 나'로 구분 짓는 기준선이 되었고, 새로운 가능성의 문을 활짝 열어젖혀주었다.

내 최종 목적지가 어디인지는 알 수 없다. 하지만 확신한다. 이 길이 나를 어디로 이끌지 몰라도 내가 길 위에 새긴 수많은 발자국들은 내 존재를 더욱 깊이 이해하기 위한 여정의 증거이며, 내 인생의 지도에 새로운 경로를 그려나가는 값진 과정이 될 것임을.

그 경로가 어디로 향하든 간에, 모든 과정 속에서 내가 이룰 성장과 변화가 진정한 보상이 되리라는 것도 의심치 않는다. 이를 깨닫는 데 필요한 거리는 단 5km였다. 다시 한 번 5km가 성장의 시작점이라는 걸 강조하고 싶다.

사람들은 생각보다
내게 관심이 없다

달리기를 개시한 첫날의 기억이 어제 일처럼 선연히 남아 있다. 지나가는 모든 사람들이 나만 쳐다보는 것 같았다. 어정쩡한 폼에, 걷는 건지 달리는 건지 모를 속도였기에 다들 나를 보고 피식대며 비웃는 것 같았다. 저 멀리서 멋진 자세로 달려오는 러너가 보이면 나도 모르게 발이 멈춰졌다. 그러곤 산책 나온 사람처럼 어기적거리며 걷다가 그가 완전히 사라진 뒤에야 다시 달렸다.

같이 달리자는 막시의 권유를 1년 동안 미뤄왔던 이유가 떠올랐다. 그랬다. 내 어설픈 모습을 남들에게 보이는 게 죽기보다 싫어서였다.

2010년 밴쿠버 올림픽에서 금메달을 거머쥔 김연아 선수를 향해 언론은 일제히 '피겨스케이팅 역사상 가장 완벽했던 연기'라며 극찬을 아끼지 않았다. 때로는 우아하게 때로는 강렬하게 4분 10초 동안 펼쳐낸 그녀의 연기는 '완벽'에 가까웠다. 거슈윈 〈피아노 협주곡 F장조〉의 선율이 멈추고 마지막 연기가 끝나자 김연아 선수는 눈물을 터트렸다.

보는 내내 가슴을 졸이던 나를 포함해 많은 국민들이 함께 눈물을 흘렸다. 한 치의 오차도 없는 연기를 해내기 위해 그녀가 감내해야 했을 시간들이 오롯이 느껴졌기 때문이었을 거다.

이후 김연아 선수를 다룬 다큐멘터리에서 그녀의 초등학생 시절 영상을 보았다. 점프를 하다가 수도 없이 넘어지고 엉덩방아를 찧는, 아직은 어설프고 덜 영글어진 모습이었다.

그 누구도 처음부터 완벽한 사람은 없다. 김연아 선수처럼 완벽에 가까워질 수 있는 사람도 흔치 않다. 어설픈 과정을 수백, 수천 번 거친 뒤에야 '어느 정도 할 수 있게 되었다'라고 할 수 있을까? 그러나 이성적으로는 이해해도 내게 적용되진 않는 사실이었다. 나는 뭐든 어설픈 면은 남에게 들켜선 안 되는 인간이었다.

'좀 더 잘하면 보여줘야지. 지금 보여줬다가는 비웃음만 당하고 말거야.'

이렇게 전전긍긍하다가 끝내 만족할 수준에 이르지 못하면 언제 시작했냐는 듯 조용히 덮어버렸다.

그렇게나마 시작이라도 했다면 장한 일에 속한다. 실패할 바에야 시작하지 않는 것이 내 자존감을 유지하는 현명한 방식이라고 생각했다. 나는 실수를 하지 않아야 하는 사람이고, 세상 모든 사람들에게 인정받아야 하는 사람이었다. 이 얼마나 교만한 생각인가.

후대의 사람들에게 성인군자라고 추앙받는 부처도 예수도 소크라테스도 공자도 당대 모든 사람들의 존경을 받지는 못했다. 심지어 예수는 사람들의 핍박 속에서 십자가에 못 박혔고, 소크라테스는 사형을 언도받고 독배를 들어야 했다. 성인군자들도 그러할진대, 그 시절의 나는 부족함을 인정하려 하지 않았다.

나를 한번 바꿔보겠다고 각오를 단단히 하고 나와선 고작 하는 일이 남의 눈치 살피기라니. 스스로 생각해도 어처구니없고 한심했다. 내 모든 사고방식을 다 뜯어고치고 싶었다. 물론 그럼에도, 사람은 쉽게 바뀌지 않는 법이다.

다음 날은 서랍을 뒤져 여행용 선글라스를 끼고 나갔다. 내 눈을 가려서라도 남의 시선을 차단하겠다는 참으로 얄팍한 생각이었다. 언젠가 사냥개에게 쫓겨 겁에 질린 꿩이 머리만 땅에 처박고 몸통은 밖으로 드러낸 채 버둥거리는 모습을 본 적 있다. 당장 제 눈이 안 보이니, 사냥개가 사라졌다고 믿는 것이었다. 내가 꼭 꿩의

마라닉 페이스

꼴 같았다. 그래도 효과는 제법 괜찮았다.

　서서히 사람들이 시야에서 사라지고 한 발 한 발 나아가는 나에게만 집중할 수 있었다. 서툴고 어정쩡한 자세여도 포기하지 않고 묵묵히 달리고 있는 스스로가 대견하기도 했다.

　20분 정도를 쉬지 않고 달렸을까? 뛰는 내내 묵직하고 뻑뻑했던 다리가 어느 순간에 이르자 아무런 감각도 느껴지지 않았다. 거칠던 호흡도 어느새 평온해져 있었다. 검은 선글라스 밖의 세상이 마치 과노출된 사진처럼 온통 하얗게 날아가고 오직 나와 내 심장만이 남아 있는 느낌이었다.

　주책없이 눈물이 터졌다. 선글라스를 안 썼으면 어쩔 뻔했나 싶게 주룩주룩 흘렀지만, 굳이 참으려 하지 않았다.

　많이 힘들었구나. 어설프고 한없이 부족한 존재가 완벽해 보이려고 너무 애쓰고 살았구나. 고작 20분을 뛰는 것도 힘들어하는 허약한 녀석이 그 많은 부담을 다 짊어지고 달리고 있었구나.

　이제 좀 인정해주자.
　조금 어설픈 나여도 내가 먼저 괜찮다고 해주자.
　짐은 좀 내려놓아도 괜찮다고 말해주자.

괜찮아. 이만하면 정말 잘 달렸어. 땀과 눈물이 엉켜 범벅이 된 얼굴을 옷소매로 쓱쓱 닦았다. 놀랍도록 상쾌했다. 그제야 거리의 사람들이 다시 시야에 들어왔다.

나를 지나쳐 가는 사람들의 얼굴을 하나하나 꼼꼼하게 살펴봤다. 나이도 성별도 생김새도 다 달랐지만, 그들에게는 한 가지 공통점이 보였다.

그 누구도 남을 보지 않는다는 것.
저마다 자신의 이야기로 가득 찬 생각들 사이를
걷고 달리고 있다는 것.
다들 뭔가 부족한 삶, 그 안에서 자기 나름대로
웃고 울고 설득하고 타협하며 치열하게 움직이고 있다는 것.

그래서 한 어설픈 초보 러너가 어떤 자세로 달리든 관심을 둘 겨를이 없다는 것도 깨달았다.

그날 이후, 나의 달리기는 깃털처럼 가벼워졌다. 아니, 그날 이후 나의 모든 시작들이 가벼워졌다고 말할 수도 있겠다. 나의 삶은 단 한 번도 완벽했던 적 없었고 앞으로도 그럴 것이므로 '까짓것 한번 해보지 뭐. 해보고 잘 안되면 경로를 수정하거나 반복해서 연습하거나 그래도 안 되면 다른 걸 하면 되지 뭐.' 이렇게 최대한 가벼운 마음으로 시작했다.

　회사를 나와서 후배와 단둘이 한 칸짜리 사무실을 얻어 사업을 시작한 것도, ○○ 방송사 PD라는 글자가 새겨진 빳빳한 명함을 집어 던지고 명함 한 장 없는 초보 유튜버가 된 것도 모두 나의 부족함을 인정하고 받아들였기에 가능했다.

1퍼센트의 힘

왜 우리는 항상 결심만 할까?

결심에서 실행으로 넘어가는 길목에 커다란 벽이 하나 우뚝 서 있기 때문이다. 그 벽의 이름은 '괴로움'이다.

막시의 제안을 받고 실제로 달리게 되기까지는 1년이라는 시간이 걸렸다. 괴로움이라는 벽 앞에서 1년을 서성였다. 물론 저 벽을 넘으면 지금보다 나아지리라는 건 잘 알았다. 문제는 저 거대하고 높은 벽을 넘을 때 겪어야 할 노력의 괴로움이 지금 당장의 괴로움보다도 심하게 느껴진다는 것이었다.

예를 들면 달리기 시간을 어디서 당겨 와야 하는지부터가 고민되었다. 퇴근 이후의 유휴 시간을 포기해야 하나? 가뜩이나 부족한 수면 시간을 줄여야 하나? 상상만 해도 괴로웠다. 어렵게 밖으로 나간다고 해도 무거운 몸을 이끌고 컥컥대며 달리는 그 긴 시간이 지옥 같을 거라는 생각이 먼저 들었다.

조금만 걸어도 욱씬거리는 무릎이 달리기 후엔 완전히 망가져서 목발을 짚고 다니는 모습도 그려졌다. 이런 괴로움들을 안고 달리느니 차라리 배가 좀 나온 게, 콜레스테롤 수치가 좀 높은 게 덜 괴롭지 않을까? 나름 합리적인 판단이라고 자위하며 1년을 벽 앞에서 서성인 것이다('넘긴 넘어야 할 벽인데…'라고 생각했기에 서성이긴 했나 보다).

하지만 1년을 미룬 대가는 엄청났다. 그제야 달리는 게 응급실에 실려 가는 것보다는 덜 괴롭겠구나, 이제는 저 벽을 넘지 않으면 진짜 죽겠다는 생각에 이르러서야 벽을 기어오르기 시작했다.

우리는 변화가 필요하다는 걸 잘 알면서도 벼랑 끝에 몰려서야 어쩔 수 없이 움직이는 미련한 짓을 반복한다. 결심은 곧바로 결과를 만들어내진 않는다. 결과는 결국 실행으로부터 만들어진다. 그래서 나는 새로운 뭔가를 하기로 결심한 후에 뒤따르는 괴로움의 벽 앞에서 주춤댈 때마다 이런 상상을 한다.

지금 움직이지 않을 경우, 더 험한 낭떠러지를 만나 죽기 살기로 올라가야 한다. 운이 나쁘면 절벽 아래로 떨어질 수도 있다.

최악의 상황을 그리고 나면 눈앞의 벽이 전보다 훨씬 낮아 보인다. 그제야 움직여볼 의지가 생긴다.

실행이 좀 더 쉬워지는 또 한 가지 방법이 있다.

애초에 가능한 한 벽을 낮게 그려보는 것이다.

10m 높이의 거대한 벽이 아니라,

1m짜리 담장이 열 개 있다고 생각해보는 것이다.

고백하면, 30대 초반에 이미 달리기 습관을 붙여보려 시도한 적이 있다. 배우 설경구 씨가 체중 감량을 위해 집 앞 운동장을 100바퀴씩 달린다는 인터뷰를 보고 난 후였다. 비장한 각오로 초등학교 운동장을 60여 바퀴쯤 달리다가 영혼까지 탈탈 털린 상태로 중도 포기했다. 다시는 이 빌어먹을 달리기 따윈 하지 않겠다며 설경구 씨를 욕하고 돌아왔다(그분은 무슨 죄인가?). 따지고 보면 처음부터 너무 큰 벽을 세운 내 탓이었는데.

뭔가 새로운 결심을 할 때, 거대한 벽을 넘어야만 성취할 수 있다고 믿는다. 하지만 원하는 목표를 이루게 하는 힘은 아주 작은 실행의 반복에 있다. 내가 만약 그날 운동장 100바퀴가 아니라, 10바퀴를 10일 동안 달려보자고 생각했다면 결과는 달라졌을 것이다.

지금은 안다. 아주 천천히 원하는 것을 이루는 법에 대해.

정확히 말하면, 원하는 걸 빠르게 이룰 수 있는

왕도는 없다.

모든 일엔 시간이 걸린다.

그렇다면 그 긴 시간을 쪼개고 쪼개서

작게, 자주 반복하면 이룰 수 있다.

최초의 시도를 앞두고 벽이 거대하다고 생각하는 이유는 다름 아닌 빠르게, 단번에 목표를 이루고 싶은 욕심 때문이다. '100바퀴쯤 달려야 살이 빨리 빠지지', '영어책 한 권을 통째로 외워야 실력이 빨리 늘지'. 그러나 이렇게 거창한 목표를 무리해서 잡으면 벽을 넘어서려다 반드시 떨어지고 만다. 또한 떨어졌을 때 다시 정복할 생각을 하면 막막함부터 들기 때문에 다시 시도하기가 쉽지 않다.

달리기도 '작게' 시작하는 사람들이 결국 성공한다. 내 유튜브 채널의 댓글을 보면 두 부류로 나뉜다. 달리기 초반에 목표를 과하게 높게 잡고 1시간씩 달리다가 부상을 입어 1년째 쉬고 있다는 사람들. 주 3~4회 정도 3km, 30분 이내를 가볍게 달리되 꾸준히 해서 1년이 지난 지금 10km를 거뜬히 달리고 있다는 사람들.

'작게' 시작하는 습관은 무슨 수를 써도 안 늘던 영어 회화 실력도 키워주었다. 원어민과 자유자재로 소통할 날을 꿈꾸며 다양한 방법으로 영어 공부를 시도해왔지만 전부 수포로 돌아갔다. 괜찮다는 영어 회화 책 한 권을 달달 외우려다가 포기한 적도 있고, 회화엔 단어 암기만 한 게 없다는 이야기에 매일같이 수십 개씩 단어를 외우려다가 흐지부지된 적도 있다.

이제는 방법을 바꿨다. 달리는 배우들인 진선규, 고한민과 함께 매일 1분 내외씩 영어 말하기 동영상을 찍어 단톡방에 공유한다. 연예인들의 영어선생님으로 유명한 권필 선생님의 스터디 방식이다. 처음엔 과연 이렇게 해서 영어 말하기가 늘긴 할까 싶었지만 100일이 넘고 200일이 지난 지금 실력이 몰라보게 향상된 서로를 보며 감탄하는 중이다.

물론 아직 갈 길이 멀다는 것도 잘 안다. '1년 안에 승부 봐야지' 하고 생각한 게 아니기 때문에 매일 30분씩 투자해서 10년을 보고 하고 있다(처음 몇 달은 겨우 10분이었다).

2023년 가을, 시드니마라톤에 참가했다. 달리는 도중 〈마라닉 TV〉 구독자 한 분과 같이 달리게 되어 인터뷰를 진행한 적이 있다. '1퍼센트'라는 닉네임을 쓰는 50대 여성분이었다. 1퍼센트라. 닉네임의 의미가 궁금해 그분께 물었다.

"몸과 마음이 무너져 내린 시기가 있었는데요. 그때 '어제보다 딱 1퍼센트씩만 성장하자'고 마음을 다잡았거든요."

1퍼센트 님은 그런 마음으로 조금씩 달렸더니 달린 지 1년여 만에 풀코스 마라톤까지 뛰게 되었다며 고맙다고 인사하셨다. 오페라 하우스 광장의 피니시 라인을 통과한 뒤 눈물을 펑펑 흘리고 있는 1퍼센트 님을 안아드리며 나도 함께 울었다.

　　1퍼센트의 힘.

　　모든 것을 실행하게 해줄 마법의 문장이다.

오늘도 해내며 시작한다

내일이 빨리 오길 기다려본 적이 언제였는지 단박에 대답할 수 있는 독자분들이 계실지. 어린 시절에는 참 많았는데 말이다. 소풍, 크리스마스, 생일… 이렇게 특별한 날뿐 아니라 별거 없어도 얼른 내일이 되어 친구들과 구슬치기, 오징어 놀이, 딱지치기 하는 시간이 오기만을 기다렸다. 그땐 하루하루가 특별했다. 내일은 또 어떤 '재미있는 일'을 만날까? 이런 기대에 부풀어 잠들었다.

달린 지 1~2주 정도 만에 어린 시절의 그 설렘을 다시 느꼈다. 내일이 오길 기대하며 눈을 붙인 지가 하도 오랜만이라 스스로도 새삼스러웠다.

'달리기가 재미있다'는 말을 도무지 이해할 수 없었던 시절이 있었다. 가끔 산책로를 달리는 사람들의 표정을 보면, 바위를 되풀이해 밀어 올리는 형벌에 처한 시시포스가 떠올랐다. 세상의 온갖 고통을 짊어진 표정으로 저렇게 힘들어하면서 굳이 왜 달리는 걸까? 의문은 달리기를 시작하고 2주도 채 되지 않아 풀렸다.

알람이 울리기 전부터 눈이 번쩍 뜨인다. 잠이 덜 깬 상태라 몸의 반응은 더디지만, 머릿속에 환한 불이 켜진 듯하다.

오늘도 해냈다.

아직 아무것도 하지 않았는데, 일주일 이상을 알람 시간에 맞춰 일어났다는 사실 하나만으로도 뭔가 이뤄냈다는 기분이 강렬하게 든다. 깊게 숨을 들이마시고 길게 내쉬는 호흡을 네댓 차례 반복하고 새 하루의 신선한 기운을 몸 안에 불어넣는다. 오늘도 무탈히 눈을 뜰 수 있음에 감사한다. 아내가 깨지 않게 조심조심 이불을 개고 베갯잇을 매만진다. 밤사이 나를 따뜻하게 감싸준 이불에게 고마워하며 가지런히 정리한다.

이부자리 정리? 달리기 전에는 결코 하지 않았던 일과다. '어차피 잘 때 다시 깔고 누울 텐데 뭣 하러 이불을 개야 해?'라고 생각했었다(실은 늘 아내가 나 대신 정리해왔던 거다. 고마워요).

미 해군 제독 윌리엄 H. 맥레이븐^{William H. McRaven}이 텍사스 대학 졸업식에서 한 연설이 유튜브 조회 수 1,900만 회를 기록했다. "세상을 바꾸고 싶으세요? 그럼 침대부터 정리하세요."

그는 잠자리를 정리하면 작게나마 뿌듯함을 느낄 수 있어서 이 단순한 행위를 성공적인 하루가 시작되는 중요한 기점으로 삼을 수 있다고 말한다. 이토록 작은 성공의 경험은 그 다음 행동에도 승리를 향한 포석을 깔아준다는 데에 의미가 있는 것이다.

와… 내가 이 시간에 일어나다니.
이부자리를 이렇게 깔끔하게 정리하다니.

오늘도 이기면서 시작하는구나.

운동화를 신고 현관을 나서는 순간도 마찬가지다. 러너들 사이에서는 '이불에서 현관까지의 거리가 1km'라는 말을 많이 한다. 현관을 나서는 일 자체가 망설여지기에 나가기로 마음먹고 현관문을 여는 순간 이미 반은 성공했다는 뜻이다.

타이머 기능이 있는 시계의 버튼을 누르고 첫발을 내딛는다. 2주 만에 몸이 몰라보게 가벼워졌다. 첫날 멈췄던 지점을 가볍게 스쳐 지난다. 하루하루 달리는 시간과 거리가 늘어난다.

비록 달리는 동안은 여전히 힘들다고 느껴지기도 하지만, 그 힘든 과정을 이겨내고 땀을 흘리며 스톱워치의 종료 버튼을 누르는 순간 엄청난 성취감을 맛본다. 시원한 물로 샤워를 마치고 거울을 보면 저절로 두 주먹이 쥐어진다.

'오늘도 해냈다.'

지난날을 돌아보면 '성공했다'거나 '승리했다'는 감정을 느낀 적이 몇 번이나 있었나 싶다. '성공', '승리' 이런 단어들은 걸출한 성과를 이뤄냈을 때나 쓸 수 있다고 생각했기 때문일 거다. 그런데 이렇게 아침을 시작하는 것만으로도 꽤나 짜릿한 승리감을 맛볼 수 있다. 승리감은 곧 재미를 가져다준다.

어린 시절 딱지놀이도 오징어 놀이도 다 승리의 기쁨을 만끽하기 위해 하던 놀이였다. 그거였다. 내일이 빨리 왔으면 기다려질 정도로 달리기가 재미있는 이유.

달리기는 '승리의 기쁨'을 알게 해주는 동시에
우리를 '놀이'의 영역으로 데려다준다.

《노는 만큼 성공한다》의 저자 김정운 교수는 '나는 놈 위에 노는 놈 있다'며 노는 것을 계획하는 사람이 행복감을 유지하면서 좋은 성과도 낸다고 했다. '놀이'의 본질은 재미와 즐거움의 추구에 있다. 재미있어서 하는 일은 멈추기 어렵기 때문에 지속적으로 하다 보면 저절로 잘하게 될 수밖에 없다. 잘하게 되면 즐거우니까 또 하게 된다. 놀이와 성과의 긍정적 상호 작용이다. 이 긍정적 상호 작용은 7개월 후 나에게 '풀코스 마라톤 완주'라는, 그전까지는 상상도 하기 힘든 결과를 가져다주었다.

자연스럽게, 달리기 이전에 내가 하던 일들을 돌아보게 되었다. 정말 재미있어서 하고 있던 건지, 그저 해야 하는 일이라 하고 있던 건지. 대부분 전자의 이유로 시작한 일이었으나 후자의 이유가 된 지 오래되었다는 결론에 이르렀다.

'내일'이 기다려지는

진짜 '내 일'을 찾았다.

그러다 무릎 나가요

"너 그러다 무릎 나가." 달리기 시작하고서 귀에 못이 박히도록 들은 말이다. 뒤이어 들려오는 비슷한 레퍼토리.

"지금은 젊으니까 괜찮은 것 같지? 좀만 더 나이 먹으면 연골 다 닳아서 걷지도 못할걸? 적당히 해···."

운동이라고는 숨쉬기가 고작인 친구 녀석들이 하는 말이니 흘려들으면서도 '정말 그러면 어쩌지?' 하는 걱정도 함께 들었다. 진짜 괜찮을까? 키에 비해 육중한 이 몸이 공중에 떴다 내려오는 순간, 두 무릎이 받을 충격이 적지는 않을 텐데.

한쪽 발이 땅에 닿을 때마다 넙다리뼈와 정강뼈 사이의 연골이 짓눌리며 무릎뼈끼리 부딪치는 모습이 그려지기까지 했다. 좀 열심히 달렸다 싶은 날은 어김없이 무릎 주위가 쑤셨고 통증이 느껴졌다. 실제로 달리기를 시작한 지 2주가 채 안 돼 무릎에 극심한 통증이 찾아왔다. 참다못해 동네 정형외과를 찾아갈 수밖에 없었다.

의사는 눈을 가느다랗게 뜬 채 "달리기 그만해요. 그러다가 걷기도 힘들어져"라며 으름장을 놓았다. 절망적이었다. 이제 막 달리기의 즐거움을 알아버린 초보 러너의 기를 이렇게 무참히 꺾어버려도 되는 건가. '계속 뛰어도 괜찮아요.' 안심되는 한마디를 듣고 싶어 이것저것 물어봤지만, 의사는 단호했다.

"판단은 환자분 몫이지만 의사로서 추천해줄 수 있는 운동은 아니에요. 그냥 걷기나 조금씩 하세요."

집으로 돌아오는 내내 한숨이 새어 나오면서도 절뚝거리며 걷는 내 꼴을 보자니 답답했다. 일주일 넘게 염증약을 먹으며 방 안에서 지내는 동안 다시 나태의 늪으로 빠져드는 기분이었다.

도저히 안 되겠다 싶었다. 달리는 사람들 사이에라도 있어야겠다는 생각에 해피러닝 클럽 모임에 나갔다. 내 사정을 들은 달리기 선배들이 한목소리로 조언했다.

"2주만 쉬어보고 괜찮다 싶으면 다시 달려도 돼. 나도 달리기

초반에는 병원 엄청 다녔어. 그런데 지금은 멀쩡하잖아?"

"내가 내일모레면 칠순인데, 20년 넘게 달렸거든. 아직도 매년 풀코스를 뛰어도 무릎 말짱해. 너무 걱정 마."

"그 의사 배 봤어? 정형외과에 가면 의사 배부터 확인해야지. 배 나온 의사 말은 다 믿으면 안 돼!"

그제야 나보다 두 배쯤은 더 불룩해 보이던 의사의 배가 떠올랐다. 피식 웃음이 나왔다. 선택은 오롯이 내 몫이었다. 배가 잔뜩 나온 의사(걷는 것조차도 안 할 것 같아 보이던)의 말보다는 지금 내 눈앞에서 열정 가득한 표정으로 땀을 흘리며 달리는 선배 러너들의 말에 조금 더 신뢰가 갔다.

무엇보다도 5년 후, 10년 후 나의 모습이 저분들과 같았으면 좋겠다는 바람이 간절했다. 이대로 의사의 권고에 순응하고 달리기를 포기한다면 지난 5년, 10년간의 내 모습에서 아무것도 바뀌지 않을 거라는 두려움이 더 컸다.

좋아! 계속 달려보는 거야.

2주간의 물리치료와 염증약 복용으로 통증이 많이 완화되었음이 느껴지자 몸이 근질근질거렸다. 차분히 마음을 가라앉히고 부상과 관련한 정보들을 수집하기로 했다. 내 몸을 도박 테이블의 판돈처럼 내걸 수는 없었기 때문이다. 달리기와 신체의 상관관계를 밝힌 전문 서적들을 찾아 읽기 시작했고 웹서핑도 꾸준히 하며 '부상 없이 달리는 방법'에 대해 내 나름의 지식과 기준을 쌓아갔다.

그 과정을 통해 얻은 가장 큰 깨달음은
결국 부상의 핵심은 '회복력'에 있다는 것이었다.

우리의 근육은 운동을 통해 부하가 생기고 휴식을 통해 회복하는 과정에서 차츰차츰 성장한다. 이 과정을 반복하다 보면 근육이 비약적으로 성장하는데, 초보 러너들의 가장 흔한 실수는 이때 회복의 시간을 갖지 않는다는 데에 있다. 하루만 쉬어도 영영 달리지 못하게 될 거라는 조급함, 여태껏 쌓아온 체력이 한 번의 휴식으로 와장창 무너질 듯한 압박감 때문에 매일을 쉼 없이 달리다가 부상을 입는 것이다.

그때부터 하루 달리면 다음 날 하루는 쉬고, 그다음 날 재개했다. 만약 조금 강도 있게 달렸다 싶은 날은 이틀을 쉬었다. 그렇게 내 몸이 쉴 수 있는 시간을 제공했다. 아무리 조심한다고 해도 몸 상태가 100인 경우는 드물다. 그만큼 달리기는 우리 몸에 부하를 많이 주는 운동이다. 그러니 '아플 땐? 무조건 휴식!'이라는 개념을 마음에 새겼고, 유독 특정 부위가 아프면 병원을 찾아갔다. 그래야 스스로 환자라는 생각이 들기 때문에 더 조심하게 되고 증상을 키우지 않을 수 있다.

그렇다고 아무 병원이나 가진 않았다. 조금 멀리 있더라도 달리는 의사가 운영하는 병원을 찾아갔다. 그들은 러너의 마음을 잘 알기에 '달리면 안 된다'는 극단적인 처방 같은 건 하지 않았다. 대신 조금 더 안전하게 달리는 법, 부상에서 빠르게 회복하는 법 등에 대해 알려주었다. 그렇게 나의 무릎은 서서히 강해져갔다.

아이러니하게도 11년 전에 내게 '무릎 나간다'고 했던 친구들이 지금 그렇게 되어 있다. 달리기는 고사하고 오래 걸으면 무릎이 아프다며 등산이라도 한번 다녀오자는 제안에 손사래를 친다. 이제 고작 40대 후반인데 말이다.

하지만 그런 친구들 중에서도 몇은 내 조언에 귀 기울여 1년 전부터 달리기를 시작했고, 지금은 하프 마라톤을 완주한다. 혹 무릎 나가진 않았냐고? 전혀 아니다. 심지어 군 입대 시절 혹독한 훈련으로 인해 망가진 무릎이 고질적인 문제였던 친구 H는 빠르게 걷기부터 차근차근 시작하더니 급기야 얼마 전 열린 서울마라톤에서 풀코스를 완주해냈다. 내 친구들뿐만 아니라 5년에 걸쳐 모인 16만 명 이상의 구독자들을 통해서도 적당한 달리기는 무릎을 더 건강하게 만들 수 있다고 확신하게 되었다.

어떻게 이런 일들이 가능한 걸까? 답은 퇴화에 있다. 40세가 넘어가면서 관절은 퇴화를 시작하는데, 단순히 무릎을 안 쓴다고 퇴화를 막을 수 있는 게 아니다. 오히려 운동을 해서 무릎 주변의 근육과 인대를 강화시켜 관절을 보호하는 과정이 필요하다. 콘크리트 믹서차를 떠올려보자. 계속 믹서 통이 돌아가는 이유는 믹서 통 내부의 시멘트 반죽이 굳는 것을 방지하기 위해서다. 이처럼 우리의 관절도 지속적으로 돌려줘야 한다.

인생의 모든 성장에는 감내해야 할 대가가 따른다. 그 대가가 치명적이라면 숙고해야 할 문제이지만, 대개의 경우 극복 가능한 수준일 것이다.

시작하기도 전에 지레짐작으로 최악의 시나리오만 쓰면서
아무것도 못 하고 있지는 않은가?
그러다 진짜 무릎 나간다.

생각도 습관이다

평소보다 좀 더 긴 거리를 달리다 보면 버거운 순간이 찾아온다. 발목에 모래주머니 하나를 달고 있는 듯한 느낌이 들면서 이 지루한 행위를 멈추고 싶어진다. 그럴 땐 재빠른 조치가 필요한데, 러너들에게 이때를 어떻게 넘기는지 물어보면 답은 제각각이다.

아무 생각도 하지 않고 그저 한 발 한 발에 집중한다거나 딱 1km만 더 가자고 자신을 설득한다거나(1km가 지나면 또 1km만 더 가자고 설득하는 방식인데, 이게 통한다는 사실에 나도 종종 놀라곤 한다) 과거의 나태했던 자신을 떠올리며 악으로 버틴다는 사람도 있다.

고백하자면 나는 대부분 먹는 생각으로 위기를 넘긴다. 땀을 쭉 뺀 내가 평소엔 먹기가 꺼려지는 라면에 찬밥까지 말아서 잘 익은 김치를 얹어 싹싹 먹어치우는 상상. 짜파게티 두 개에 달걀 프라이 두 개를 얹어 섞어가며 먹는 상상. 가스레인지에 라면 물을 얹는 순간부터 마지막 국물을 털어 넣는 순간까지 머릿속에 아주 천천히 디테일하게 그려가다 보면 순식간에 다시 힘이 차오른다. 친구들과 같이 달리는 중이라면 끝나고 콩나물국밥과 파전에 막걸리 한 사발을 주고받는 상상을 하기도 한다.

단지 상상만으로도 내 뇌를 속일 수 있다. 나에게 속은 뇌는 내 몸을 속이기 시작한다. 어때, 행복하지? 안 힘들지? 그럼 다시 힘을 낼 수 있지? 계속 달리자. 힘든 상황을 극복하기 위한 내 나름의 '생각 습관'이다.

이렇게 위기를 넘기고 긴 거리를 달려내고 돌아오면 수고한 나 자신을 위해 기꺼이 보상한다. 라면을 끓이고 막걸리를 나누며 세상 행복해한다.

살다 보면 버겁고 힘든 고비가 찾아오기 마련이다. 나는 그때도 달리면서 얻은 방법을 활용해 버텨내곤 한다. 내가 주로 떠올리는 이미지는 따뜻한 봄날을 즐기는 우리 가족의 모습이다.

온화한 햇살 아래 돗자리를 펴고 느릿느릿 흘러가는 강물을 바라보며 오손도손 도시락을 까먹거나 책을 읽다가 달콤한 낮잠을 즐기는 상상이다. 어디선가 기분 좋은 바람이 불어온다. 봄꽃 향기가 코끝을 간지럽힌다. 그 느낌을 떠올리면 나도 모르게 입가에 미소가 번진다. 아무리 힘든 상황일지라도 단지 행복한 생각을 떠올려보는 것만으로도 어느 정도 버틸 만해진다.

당장 마음이 힘든데 그런 게 가능할까 싶지만, 그런 이유로 괴로움에 속수무책으로 잠식되어 있으면 도무지 헤어 나올 방법이 없다.

불행도 행복도 결국은 생각 습관을 통해
스스로 컨트롤이 가능하다.

나치의 학살이 자행된 아우슈비츠 집단 수용소에서 끝끝내 살아남은 정신과 의사 빅터 프랭클Viktor Frankl은 이렇게 말했다. "자극과 반응 사이에는 공간이 있다. 그 공간에는 자신의 반응을 선택할 수 있는 자유와 힘이 있다. 그리고 우리의 반응에 의해 우리의 성장과 행복이 좌우된다." 우리는 외부 자극에 그대로 반응하는 단순한 존재가 아니다.

달리기를 하다 보면 아무리 조심해도 크고 작은 부상이 뒤따른다. 그럴 때도 '근육이 성장하기 위한 성장통을 겪는구나' 생각하려고 노력한다. 그러면 조급함이나 불안감이 사라지고 한결 편안한 마음으로 휴식을 취할 수 있다.

문제를 문제로 보지 않고
터닝 포인트라고 생각하는 습관 덕이다.

방송국에 재직하던 시절, 제작부서가 아닌 관리부서로 발령을 받았을 때도 위기가 아닌 터닝 포인트라고 생각했다. 어차피 언젠가는 회사를 나와 내 사업을 해나가야 할 텐데, 그러려면 이런 큰 회사의 관리부서가 어떻게 시스템을 만들고 작동시키는지 경험해볼 필요가 있었다.

다른 동료들은 거절하고 퇴사해버린 자리였지만, 나는 기꺼이 감사하게 받아들였고, 그때의 경험은 내 사업을 꾸려나가는 데에 귀중한 자양분이 되었다.

내가 아침에 눈을 뜨면 하는 일 몇 가지 중 하나를 여러분께 꼭 소개하고 싶다. 몽롱하던 정신이 차차 맑아짐과 동시에 "감사합니다" 하고 속삭인다. 어떤 날은 크게 외쳐보기도 한다. 그다음엔 심호흡을 여러 차례 한다.

이렇게 또 숨을 쉬면서 하루를 맞이할 수 있음에 마음속 깊이 감사함이 잦아들고, 오늘도 잘 살아낼 힘이 난다. 이런 루틴을 매일 반복하다 보면 행동 습관이 먼저인지 생각 습관이 먼저인지 구별하지 못하게 되기에 이른다.

습관은 자석 같은 힘을 가지고 있어서 비슷한 습관을 가진 사람들끼리는 만나게 되어 있다. 내가 아침 일찍 일어나 움직이는 습관을 가졌기 때문에 주변엔 나와 비슷한 사람들로 꽉 채워져 있다.

주말 아침만 되면 에너지 넘치고 긍정적인 사람들과 함께 달리면서 한 주의 스트레스를 날린다. 스스로 행복을 만들어갈 줄 아는 사람들과 빈번하게 만남으로써 좋은 감정은 오래 유지된다.

시간이 많아지는 마법

우리의 시작을 어렵게 하는 강력한 방해물은 '시간이 없기 때문'이라는 착각이다.

나 역시 이 말을 늘 입에 달고 살았다. 어두워지는 내 낯빛을 본 회사 동료가 운동 한번 해보는 게 어떻겠냐고 권유해도 "정말 하고 싶은데, 해야 하는 건 아는데… 시간이 진짜 없어…." 회피하기 일쑤였다. 거짓말이 아니었다. 아침 일찍 출근해 늦은 시간까지 숨가쁘게 일했고, 퇴근 후에는 한숨 돌리다가 곯아떨어지기 바빴으니 대체 운동할 시간이 어디 있겠나.

늘 시간이 부족한 상황에 대해 한 번도 이상하다고 의심하지 않았다. 나는 그냥 '바쁜 사람'이라고 굳게 믿었을 뿐이다. 그러면서 끊임없이 뭔가를 했다. 열심히 했다. 단, 운동만 빼고.

그렇게 나의 30대가 중반으로 접어들 무렵, '그동안 뭘 그렇게 열심히 했을까?' 회의감이 들었다. 더구나 건강까지 잃게 되니 남은 건 무엇인지 허무함이 밀려왔다.

지난 10년 동안 나는 과연 운동할 시간이 전혀 없었을까?

2019년에 실시한 건강보험제도 국민인식조사 결과에 따르면, 건강관리를 하지 못하는 이유로 '시간이 없어서(60.2퍼센트)'가 가장 많았다. 나뿐만이 아니구나. 다들 항상 시간이 부족하다고 느끼는구나.

내 일상을 좀 더 면밀히 들여다보기 시작했다. 전날 있었던 거의 모든 일들을 노트에 시간대별로 적어보았다. 일주일 동안의 일들, 한 달 전의 일들도 되새기며 적었다. 그걸 가만히 들여다보자니, 내가 그토록 열심히 보냈다고 생각했던 시간 속에 중요한 게 빠져 있다는 것을 알게 되었다.

세계적인 비즈니스 컨설턴트인 브라이언 트레이시Brian Tracy는 '모든 것을 할 수 있는 충분한 시간은 결코 없지만, 가장 중요한 것을 할 수 있는 충분한 시간은 언제든 있다'는 말을 했다. 늘 바빠서 시간이 충분치 않다고 여겼던 내게 '가장 중요한 것은 왜 하지 않았냐?'고 묻는 말 같았다.

내게 가장 중요한 것은 무엇이었을까?

뭘 하고 살았기에 그렇게 바빴을까?

이번에는 노트에 내가 하루 종일 붙들고 살아가는 그 많은 일들 중 '가장 중요한 일'이 무엇인지 적기 시작했다. 처음에는 '중요한 일' 항목에 여러 개가 동시에 적혔다. 하지만 곧 그것들은 '중요하다고 착각했던 일'이었음을 깨달았다. 나의 하루에 중요한 일이 그렇게 많다는 건, 바꿔 말하면 진짜 중요한 게 없었다는 뜻이기도 했다. 곰곰이 따져보니 그것들은 대부분 '중요한 일'이 아니라 '해야 할 일'에 불과했다.

하루 중엔 꼭 해야 하는 일들이 있다. PD로 일하던 내 경우를 예로 들면 촬영, 편집, 출연자 사전 미팅 같은 일들이다. 다른 분들의 경우엔 공과금 수납을 위한 계좌 이체, 업무 요청에 대한 메일 회신 같은 일들이 해당할 것이다. 이런 일들은 하루 중 해야 하는 일은 맞지만, 가장 중요한 일이라고 할 수는 없다.

그런데 나의 '중요한 일' 목록에는 대부분 그런 유의 일들이 차지하고 있었다. 나는 그것들을 '해야 할 일' 항목으로 싹 옮기고, '중요한 일' 항목에는 주된 딱 한 가지만 엄선해서 적기로 했다.

예를 들어 '상반기 가장 중요한 프로젝트의 콘셉트 잡기' 또는 '이번 달 가장 중요한 콘텐츠 기획하기' 같은 보다 본질적이고 중요한 업무들은 두세 개를 동시에 적을 수 없었다. 한 가지 일만 끝내기에도 벅찰 만큼 시간과 공력이 많이 들기 때문이다.

돌이켜보면, 나는 이렇게 가장 중요한 일을 마음에 담아만 두고, 몇 날 며칠씩 고민만 이어가다 보니 항상 바쁘게 느껴졌던 것이다. 그러나 하루에 끝낼 가장 중요한 일 하나를 명시한 뒤 그 일을 이루기 위해 노력하다 보면 부수적인 할 일들은 의외로 간단히 처리되었다. 또 가장 중요한 일부터 마쳐두면 다음 날이나 그다음 날은 마음의 여유가 생겼다.

그렇기에 가장 중요한 일을 효율적으로 잘 끝내려면 일을 처리하는 시간에 집중하는 것이 무엇보다 중요했다.

중요한 일을 마치기 전에는 모든 방해 요소들을 차단했다. 화장실을 가는 것 외에는 움직이지 않았고, '집중 모드' 기능을 적극적으로 활용해 불필요한 알림은 모조리 차단하고 정말 급한 업무 전화 외에는 받지 않았다.

내 경우, 오전에 업무 집중도가 가장 높았기 때문에 그렇게 온전히 몇 시간을 오전에 집중하면 대개는 점심 무렵 그 중요한 업무를 거의 끝낼 수 있었다. 점심식사를 마치고 난 오후에는 오전부터 밀려 있던 메시지, 전화, 이메일 등에 회신을 하고, 그날 해야 할 다른 일들을 하나씩 여유 있게 처리해갔다.

이렇게 하면 하루하루 '중요한 일'과 '해야 할 일들'이 엉키지 않기 때문에 시간적 여유가 생긴다. 야근할 필요가 없어지고 퇴근 후 운동할 시간이 생기거나 일찍 잠을 자고 가뿐히 일어나 새벽에 운동을 할 수 있는 시간이 확보되었다.

시간 운용 시스템을 일상화하다 보니 운동을 시작하는 데는 생각보다 의지가 중요한 게 아니었다는 걸 깨달았다.

우리를 움직이게 하는 근본적인 힘은 의지가 아니었다.
중요한 일과 해야 할 일을 구분하고, 불필요한 것들은 걷어내
먼저 운동할 시간을 확보해나가는 것이 필요했다.
그리고 그런 과정을 습관화하는 게 중요했다.

의지는 생명력이 약하다. 아무리 의지가 대단한 사람이라고 해도 지금까지와 다른 삶의 방식을 받아들이고 지속하기란 쉽지 않다. 그러니 새로운 방식을 한두 번 실행해보고, 몸에 익혀 반복하는 것이 성공적인 변화의 관건이다.

인생을 길게 보면 운동하기는 '내 인생에서 가장 중요한 일'에 속한다. 하지만 운동하기를 '중요한 일' 항목에 넣지는 않는다. 운동하기는 단 하루 만에 끝내야 할 일이 아닌, 장기적 관점에서 내가 지속해야 할 일이기 때문이다. 다만, 루틴으로 자리 잡기 전이라면

'꼭 해야 할 일' 항목에 넣는 것도 추천한다.

　도저히 운동할 시간이 나지 않을 만큼 빈틈없이 바쁜 날도 있다. 그런 날에도 운동을 빼먹지 않고 할 수 있는 방법이 있다. 바로 일상에서 자연스럽게 걷기를 실천하는 것이다.

　나는 언젠가부터 엘리베이터를 잘 이용하지 않는다. 엘리베이터가 보이면 습관적으로 그 옆의 비상계단을 찾아 오른다. 또 걸어서 30분 이내의 거리는 대중교통을 이용하지 않는다. 버스를 타기 위해 정류장까지 가는 시간, 버스에서 내려서 목적지까지 걷는 시간, 교통 체증 시간 등을 고려하면 약속시간 최소 30분 전에는 움직여야 한다. 그럴 바엔 대중교통에 비해 변수도 거의 없는 튼튼한 두 다리로 이동하면 동일한 시간 안에 운동을 더 할 수 있다(요즘엔 1시간 이내의 거리는 걷거나 뛰어간다).

　생활 속 걷기가 얼마나 효과가 있을까 싶은 분도 있겠지만, 생각보다 효과가 쏠쏠하다. 하루나 이틀쯤 달리기를 쉬는 날에도 이렇게 걸어두면 기초 체력이 차곡차곡 쌓이는 게 느껴진다.

　운동이 일상에 녹아들기 시작하면서 역설적으로 더 많은 여유 시간을 얻었다. 운동 후의 상쾌함, 만족감은 어떤 오락으로도 얻을 수 없는 기쁨이었기에 업무 스트레스가 해소되었고, 운동을 통해 증진된 에너지와 집중력, 그리고 좋은 기분은 업무에도 긍정적인 영향을 미쳤다. 그 결과, 일을 좀 더 효율적으로 처리할 수 있었고 결국은 더 많은 시간이 내게 주어졌다.

자신의 일상을 돌이켜보자. 정말 '시간이 없어서' 운동을 못 하는 건 아닐 것이다. 만약 여전히 시간이 없다는 생각이 든다면 하루의 시간을 어떻게 사용하고 있는지, 그리고 어떻게 하면 그 시간을 조금 더 의미 있게 사용할 수 있을지 고민해보자. 운동이라는 작은 변화가 가져오는 긍정적인 영향은 상상 이상이다. 하루에 운동을 추가해도 시간이 점점 많아지는 놀라운 경험을 하게 될 것이다.

왜 새벽에 달리냐고요?

아침에 눈 뜨고 가장 먼저 하는 일이 하루의 성패를 결정한다고 한다. 그러면 달리기도 하루의 성패를 결정할 수 있을까?

나는 지난 11년 동안 특별한 상황을 제외하고는 새벽 5시에서 7시 사이에 달리기를 해왔다. 그런데 왜 새벽 달리기일까? 모든 러너들이 새벽에 달리는 것도 아니고, 저녁에 달린다고 해서 문제가 되는 것도 아니다. 하지만 다음의 몇 가지 이유 때문에 새벽 달리기를 유지하고 있다.

첫 번째, 새벽은 루틴을 유지하기에 가장 좋은 시간이기 때문이다. 경험상 온종일 회사에 있다가 퇴근하고 집에 오면 온몸에 기가 다 빠져나간 느낌이라 아무것도 하고 싶지 않았다. '오늘 밤엔 꼭 달려야지!' 했다가도 저녁을 먹고 나면 그저 침대 속으로 들어가고 싶을 뿐이었다. 또 예상치 못한 야근이 생기거나 간만에 한잔하자는 친한 동료의 제안처럼 피하기 힘든 일이 추가되는 순간, 모처럼 만들어낸 각오는 온데간데없이 사라지기 일쑤였다.

하지만 새벽 시간은 달랐다. 이 시간만큼은 그 누구도 방해할 수 없었고, 예상치 못한 일이 끼어들 수도 없었다. 그저 내 의지만 있다면 해낼 수 있는 시간이기 때문이다. 또 밤새 숙면을 하면 몸이 100퍼센트 충전되어 있는 상태라 달릴 때 좀 더 가뿐했다.

한 가지 더, 새벽 달리기가 루틴을 유지하기 좋은 이유는 전날 밤을 관리하게 된다는 점이다. 다음 날 새벽 일찍 일어나야 한다는 책임감이 따르기 때문에 쓸데없이 스마트폰을 만지작거리거나 리모컨 왕복 운동을 하며 TV 채널을 돌리느라 늦게 잠들 여유가 없다. 우리가 입버릇처럼 하는 '바빠서 운동할 시간이 없어'라는 말은 이 모든 것들이 통제된 후에야 할 수 있는 것 아닐까?

두 번째, 새벽은 세상 만물이 깨어나는 시간이기 때문이다. 지구가 탄생한 46억 년 전부터 지금까지 계속된 섭리는 해가 뜨는 시간에 맞춰 만물이 깨어나고 해가 지는 시간에 맞춰 잠이 든다는 점이다. 자연의 법칙에 따라 인간의 몸도 적응해왔다고 한다. 해가 지면 잠을 통해 몸의 기운을 재충전하고 해가 뜨면 몸을 깨워 하루

를 시작하는 것. 그 단순하고도 자연스러운 이치를 거스르고 싶지
않았다.

여명이 밝아오는 시간, 차분한 새벽 공기를 가르며 한 발 한 발
나아가는 동안 새들이 깨어난다. 도심에서 새소리를 듣기가 쉽지
않다고들 하지만, 그건 새벽에 나가보지 않은 사람들의 생각이다.
풀과 나무가 깨어나는 시간에는 새들도 분주히 하루를 시작한다.
주로 옆을 따라 흐르는 냇물의 풍경도 보는 재미가 있다.

물안개가 피어오르면 물고기들이 반짝이며 물위로 튀어 오른
다. 날벌레를 잡아먹기 위해서일 수도, 밤새 몸에 달라붙은 기생충
을 떼어내기 위해서일 수도 있겠지만 이유는 중요하지 않다. 내게
중요한 것은 그 모습이 생명력 그 자체라는 점이다.

물고기가 살아 퍼덕이고, 새들이 살아 날아다니는구나.
나는 이런 것을 보며 달리고 있구나.
이 모든 것을 생생히 감각할 수 있는 걸 보니,
나 지금 살아있구나. 감사하다.
오늘 하루도 이렇게 건강하게 만물과 함께 깨어날 수 있음에….

이렇게 새벽 달리기는 감사함으로 하루를 시작하게 해준다.
그렇게 시작된 하루가 어떻겠는가.

세 번째, 하루 30분에서 1시간 정도의 새벽 달리기를 통해 내가 얻는 중요한 또 한 가지는 생산성이다. 달리기를 통해 얻을 수 있는 이점 하면 '건강' 외에 다른 것은 잘 떠오르지 않았다. 하지만 새벽 달리기를 꾸준히 실천하면서 깨달았다. 몸의 건강은 달리기를 하면 당연히 따라오는, 매우 부차적인 것이라는 생각을 말이다.

흔히 새벽을 '골든타임'이라고 부른다. 그 이유는 하루 중 새벽이 몰입과 집중이 잘되는 시간이기 때문인데, 이는 달리는 순간에도 적용된다.

고요한 시간, 규칙적으로 가볍게 몸을 움직여가는 동안 심장의 박동이 차분해지면서 우리의 뇌는 잡념을 걷어낸다.

몇 주 동안 풀리지 않았던 문제, 어제 온종일 나를 짓누르던 걱정들, 오늘 내가 해결해야 할 중요한 이슈들… 이런 잡다한 생각들로 들끓던 머릿속이 새하얗게 지워지기 시작한다. 몰입의 순간이다.

반드시 어떤 한 가지에 깊이 파고드는 것만이 몰입은 아니다. 수많은 잡생각들을 걷어내는 것만으로도 몰입의 순간을 맞이할 수 있다. 그러면 정말 중요한 한 가지에 집중할 수 있다.

내가 가고자 하는 곳이 어디인가?
그곳을 향해 올바른 길을 가고 있는 걸까?

이보다 중요한 질문이 있을까? 나는 지난 수년간 매일 새벽을 달리며 반복적으로 자문했고, 그때마다 대부분 명료한(결과적으로도 괜찮은) 답을 찾아냈다. 몰입과 집중, 그리고 옳은 질문. 나를 못살게 굴던 문제들에 빛이 드는 시간이다. 그렇게 하루를 시작하면서 하루의 가장 중요한 일을 마치는 것이다. 새벽 달리기는 그토록 내게 생산적인 활동이다.

30일 매일 달리기가 남긴 것

2019년 겨울. 부푼 꿈을 안고 시작한 〈마라닉 TV〉를 개설한 지 반
년이 다 되어가던 시기였다. 내 예상과 달리 구독자는 좀처럼 늘지
않았다. 당시 유튜브 정책은 구독자 1,000명이 넘어야만 수익이 발
생하는 구조였는데 〈마라닉 TV〉의 구독자는 500명이 채 되질 않았
으니 그 사이 통장 잔고도 말라가고 있었다. 메마른 땅이 쩍쩍 갈라
지듯 자신감 넘쳤던 마음에도 균열이 생기기 시작했다.

집 앞 자그마한 포장마차에서 아내와 오랜만에 술 한잔 기울
이는데, 아내가 어렵게 입을 떼었다.

"대학생 때 당신을 처음 만나 20년 가까이 곁에서 지켜보면서

당신이 잘해내지 못하리란 걸 단 한 번도 의심한 적 없었어. 근데 말야… 요즘은 좀 의심이 돼…."

심장이 덜컹 내려앉았다. 열심히 하고 있다고 자부하며 살아가고 있던 내 앞으로 물음표가 던져졌다.

'나 정말 잘하고 있는 걸까?'

다음날 평소보다 좀 더 일찍 일어나 어둡고 시린 새벽길을 달리며 '뭐가 문제일까?' 곰곰이 생각해보았다. 1시간 남짓 달릴 무렵 번쩍 스치는 생각이 있었다.

'내가 좋아하는 달리기'가 남들이 보기엔 '너만 좋아하는 달리기'처럼 보였을 수도 있겠구나.

집에 돌아와서 그동안 업로드 한 영상을 하나하나 돌려보았다. 대부분의 영상이 자연 속을 조용히 달리며 행복해하는 나의 모습들로 채워져 있었다. '마라톤을 피크닉처럼'이라는 채널의 콘셉트에 맞게 소풍 가듯 즐기며 달리는 모습들로 채워가려던 의도였다.

물론 이런 의도 자체가 잘못되었다고 생각하지 않는다. 문제는 그걸 보는 사람들에 대한 배려가 적었다는 사실이었다. 아직 한 발 내딛기도 어려운 분들이 많은데, 그분들이 내 마음을 알 수 있을까? 달리기가 주는 즐거움을 전달하는 것도 중요하지만 일단 달릴 마음이 들도록 동기를 유발하는 과정이 선행되어야 한다고 판단했다.

이런 고민 끝에 나온 아이디어가 바로 아시는 분들은 아실 '30일 동안 매일 달리기 도전' 콘텐츠였다. 마침 2020년 새해가 곧 밝을 시점인 만큼 확실한 동기부여가 되지 않을까 기대했다. 또한 스스로도 과연 30일 동안 매일 달리면 어떤 변화가 일어날지 궁금했다. 당시 달리기 6년 차였지만, 3~4일 이상을 매일 달려본 적은 없었기 때문이다.

막상 실행하려고 보니 도무지 엄두가 안 났다. 어설프게 시작했다가 그만둘 바엔 시간 낭비하지 말고 없던 일로 할까? 하지만 그때마다 실망스러운 아내의 표정이 떠올랐고, 통장의 잔고가 아른거렸다. 이대로는 안 된다는 생각이 들었다.

아내에게 30일 동안 매일 달리겠다고 선언했다. '설마… 할 수 있겠어?' 하는 표정을 짓는 아내를 보는 순간 발끈해서 "30일 동안 매일 10km씩 뛸 거야"라고 말해버렸다.

사실 매일 달리는 것 자체도 힘들지만 얼마만큼 달릴지도 문제였기에 '30분씩만 할까?', '5km만 뛸까?' 고민하고 있었던 차였는데, '10km'란 말이 불쑥 튀어나왔다.

에라, 모르겠다. 이렇게 된 이상 주변의 달리기 친구들한테도 알리고 SNS에도 선포했다. 의지박약인 내가 중도 포기하지 않기 위한 장치들이었다(이후에도 습관을 만들 때 이런 방법을 종종 쓰는데 매우 효과적이다).

처음 2~3일은 아주 호기롭게 잘 시작했다. 하지만 작심삼일 이라는 말이 괜히 있는 게 아니었다. 4일 차 새벽 비몽사몽간에 떠오른 온갖 핑계들이 나를 침대 속에 붙들어 매려 했다.

5, 4, 3, 2, 1, 이불 킥. 가까스로 밖에 나와 달리는 동안 작심 삼일을 아홉 번만 더 하자고 다짐했다.

그해 초겨울은 유난히도 추웠다. 중랑천을 따라 북쪽에서 불어오는 칼바람은 거셌다. 한번은 아무 생각 없이 집을 나서는데 겨울비가 주룩주룩 쏟아지고 있었다. 잠시 망설였지만 이대로 발길을 돌리면 다시는 나오지 못할 것 같아 "5, 4, 3, 2, 1" 카운트를 하고 달려 나갔다. 하필 첫발을 물웅덩이에 딛는 바람에 양말까지 흠 딱 젖은 채 달려야 했다.

겨울 칼바람에 실려 쏟아지는 빗줄기가 얼굴을 강타했다. 차라리 눈이 왔으면 좋았을 것을. '하늘도 매정하구나'라는 말이 절로 나왔다. 축축한 발은 점점 얼어붙어갔다.

이제 고작 1km였다. 앞으로 9km 남아 있다는 걸 알았을 때 여러 가지 감정들이 교차하며 눈물이 나기 시작했다. 남은 거리가 줄어가자 점차 내 자신이 대단하게 느껴졌다.

달리기를 마치고 집 현관을 들어설 때는 스스로가 한 단계 레벨 업 된 것처럼 느껴졌다.

그렇게 하루도 빠짐없이 달리기를 한 지 30일이 지났다. 한 달간 달린 누적 거리는 총 302km. 서울에서 대구까지의 거리다.

달리기 마지막 날, 서른 번째의 달리기를 마치고 샤워를 하는 동안 몰라보게 줄어든 뱃살을 보고 깜짝 놀랐다. 체중을 재어보니 68kg으로, 30일 매일 달리기를 처음 시작한 날 잰 몸무게인 73kg에서 5kg이나 줄어 있었다. 1kg 아령 다섯 개만큼의 무게가 내 몸에서 사라진 것이다. 제자리에서 살짝 점프를 해봤다. 머리가 천장에 닿을 것처럼 가볍게 뛰어 올랐다.

'언젠가 다시 입을 날이 있겠지…' 싶어서 갖고 있었던 예전 바지들을 꺼내 입어봤다. 허리 사이즈가 무려 주먹 한 개 크기만큼 커져서 벨트 없이는 입기가 어려웠다. 거울로 얼굴을 찬찬히 들여다봤더니 스무 살 초반에나 봤던 턱선이 되살아나 있었다.

이런 신체적 변화들은 분명 놀랍긴 했지만, '몸'이란 녀석은 한 달만 방심해도 원래대로 돌아갈 수 있다는 걸 모르지 않았다. 하지만 내 인생에서 30일 동안 하루도 **빼먹지 않고** 뭔가를 해냈다는 사실은 평생 잊히지 않을 힘이 되었다. 강제도 아니요, 벌칙에 걸려 한 일도 아니었다. 오직 나와의 약속을 지키고자 단 한 번도 어긴 적 없으니 앞으로 무슨 일인들 못 하겠나 싶었다.

더욱 놀라운 사실은 그 한 달 동안 화내거나 짜증을 낸 적이 없었다는 것이다. '화를 내지 않았다'보다는 '화가 나지 않았다'가 정확한 표현이겠다. 그저 아침에 달려 얻은 행복한 기분이 어디 도망가지 않도록 하루 내내 유지하며 살아가자고 생각했을 뿐이다.

당시에는 이런 현상이 그저 기분 탓인가 싶기도 했다. 구독자분들께 나와 비슷한 경험이 있는지 댓글로 남겨 달라고 요청 드렸는데, 유사한 내용의 댓글이 셀 수 없이 달리기 시작했다.

"많은 거리는 아니지만, 저도 매일 달리고 있는데요. 마음 안정에 달리기만 한 게 없는 거 같아요!"

"올레 님, 무한 공감이요. 땀 흘리면 스트레스가 해소되니까, 웬만한 상황에서 별로 화가 안 나더라고요."

댓글을 하나하나 읽으며 내게만 일어난 일이 아니라는 걸 알게 되었다.

30일 매일 달리기 도전은 〈마라닉 TV〉를 더 많은 분들에게 알린 기회가 되었다. 30일간의 도전 과정과 변화의 모습을 담은 영상이 소위 '떡상'을 한 것이다. 구독자 500명이 되기까지 6개월이 걸렸었는데, 이 영상이 올라가고 25일 만에 1,000명이 되었다. 이후 6개월이 지나 1만 명이 되었다. 자고 일어나면 구독자가 몇 백 명씩 늘어나 있는 놀라운 경험이었다.

그 후로도 매일 달리기는 이어졌다. 주위에서 '꼭 그렇게까지 매일 달려야 하냐?'는 질문을 할 때마다 이렇게 대답했다.

"그만둬야 할 이유를 아직 찾지 못해서 계속 달립니다."

30일로 시작했던 매일 달리기가 100일이 되고 1,000일이 넘었다.

단 30일 만으로 이렇게 놀라운 변화를 만들 수 있다면
인생에 한 번쯤 이런 도전, 해볼 만하지 않은가?

　　　　　　　　　　　　　　　마라닉 페이스

30일 달리기 프로그램, 이렇게 해보세요

나는 1,500여 일 넘게 매일 달리기를 지속하고 있다(글 쓰는 시점 기준). '정말 대단하네요'라는 말이 듣고 싶어서 언급하는 게 아니다. 나 같은 의지박약인 사람도 몇 가지 방법만 터득하면 평생 습관을 만드는 게 가능하다는 걸 말하고 싶어서다.

처음부터 매일 달려야겠다고 생각한 건 아니다(세상에, 그런 걸 목표로 할 사람이 있을까?). 내게 이런 엄청난 습관을 만들어준 건 어쩌다 시작한 '30일 매일 달리기'였다.

물론 내 경우엔 이미 수년간의 달리기 경험이 있었고, 기초 체력도 충분한 상태였기에 큰 무리 없이 가능했다. 그래서, '어떻게 하면 처음 시작하는 분들이 부상 없이 달리기 습관을 붙일 수 있을까?' 고안해낸 게 바로 '30일 달리기 프로그램'이다. 작심삼일도 딱 열 번만 반복하면 30일이다. 의심의 눈초리는 거두고, 이 방법대로만 따라 해보자. 30일 후 당신은 5km를 쉬지 않고 달릴 수 있다.

1일 차   운동화 끈을 묶고 3분만 걸어보자. 그리고 딱 1분만 달려보는 거다. 누가 보면 걷는 속도와 거의 비슷해보일지언정 속도나 남의 시선 따윈 무시하자. 3분 걷고 1분 거북이 스텝, 또 3분 걷고 1분 거북이 스텝… 이렇게 30분 동안 반복한다. 충분히 해낼 수 있을 것이다.

2일 차 어제 해볼 만했으니 오늘 또 나가고 싶겠지만, 오늘은 참아야 한다. 휴식이 가장 중요한 훈련임을 잊지 말자. 가볍게 스트레 칭하며 내일의 달리기를 준비해보자.

3일 차 1일 차 훈련이 수월했다면, 이제 3분 걷고 1분 30초 달리기를 반복해보자. 거북이 스텝으로 달려도 OK.

4일 차 휴식의 날. 달리기는 내일을 기약하고, 스트레칭만 챙겨주자. 단, 오늘부터 하나 더 추가할 일은 바로 먹는 것 기록하기. 하루 동안 먹는 음식의 종류와 양을 정확히 기록한다. 이때 급하게 양을 줄일 필요는 없고, 단지 적어두기 시작하는 것만으로 의미가 있을 것이다. 질 좋은 탄수화물과 단백질, 건강한 지방이 풍부한 음식을 추가해주면 더 좋다.

5일 차 오늘은 3분 걷고 2분 동안 달리기를 반복한다. 벌써 달리기를 시작한 지도 5일째, 이 시점에 동력이 되어줄 만한 이벤트가 있다. 바로 달리기 습관 시작을 여기저기 알리는 것! 인스타그램, 페이스북 어디든 상관없다. 당신의 대단한 행보를 자신 있게 공유해보자.

6일 차 휴식과 스트레칭의 날. 이쯤 되면 왠지 뱃살이 조금 들어간 느낌이 들 것이다. 뿌듯한 마음으로 푹 쉬어주자.

7일 차   이제 2분 걷고 2분 동안을 달려본다. 이 과정을 반복하면 총 15분을 달리게 된다. 불과 일주일 전엔 상상도 못 하던 일이 일어나고 있다.

8일 차   아침에 일어나는 게 훨씬 쉬워졌을 것이다. 수면의 질이 달라졌으니까.

9일 차   오늘부터는 드디어 걷는 시간보다는 달리는 시간이 길어지는 날이다. 2분 걷고 3분 달리기를 반복하자. 더 많이 달릴 수 있을 것 같아도. 무리하지는 말자. 지금 이대로도 충분하다.

10일 차   휴식과 스트레칭. 스트레칭은 부상 예방을 위해서도 정말 중요하다.

11일 차   먼저 체중계에 올라가보자. 몸무게의 눈금이 달라져 있을 것이다. 혹시 변화가 없더라도 신경 쓰지 말 것. 한결 가벼워진 몸으로 1분 걷고 3분 달리기를 30분 동안 반복한다.

12일 차   스트레칭을 가볍게 한 뒤 이렇게 잘해내고 있는 내게 어떤 보상을 해줄지 생각해보자. 근사한 러닝화? 러닝 시계? 이미 당신은 받을 자격이 충분하다!

13일 차   1분 걷고 4분 달리기에 도전한다. 이제부터는 거북이 스텝에도 서서히 변화가 생길 시점이다. 조금은 더 빠르게 달려도 괜찮다. 자연스럽게 빨라지는 건 좋은 발전이다. 하지만 버겁다고 느껴지면 언제든 멈출 준비가 되어 있어야 한다.

14일 차 휴식과 스트레칭. 몸을 풀며, 몸이 당기는 음식을 맛있게 먹어줘도 좋다.

15일 차 드디어 5분 달리기에 도전하는 날! 2분 동안 걷고 5분 동안 달리는 걸 네 번 반복한다.

16일 차 그간의 피로가 누적되어 있을 수 있는 시점이다. 꾸준히 스트레칭을 해왔더라도 오늘만큼은 30분 이상 꼼꼼하게 마사지를 해준다.

17일 차 이제는 5분 이상 달리는 게 익숙할 것이다. 오늘은 3분을 걷고 7분을 달린다. 이렇게 반복하면 대략 3km 정도를 달리게 될 것이다. 30분 5km 달리기, 머지않았다.

18일 차 러너에게 수분 섭취는 정말 중요하다. 달리기로 지친 근육엔 수분이 무척 중요한 역할을 하기 때문이다. 하루 2리터 물 마시기, 절대 잊지 말자.

19일 차 자, 이제 4분 동안 워밍업으로 걷기 후, 10분 달리기를 한다. 다시 4분간 걷고 10분 달리기, 또 4분간 걷고 10분 달리기… 마지막 2분 동안은 걷기로 마무리한다. 개운하게 씻고 나와 거울을 보라. 이전에는 볼 수 없었던 자신감 넘치는 사람이 거울 안에서 웃고 있을 것이다.

20일 차 와! 20일. 이제 딱 10일 남았다. 체중은 또 줄어들었을 시점이다. 체중 감량은 놀랍지도 않다. 오늘은 여유 있는 마음으로 휴식과 스트레칭.

21일 차 지금부터는 10분 이상의 달리기가 부담스럽지 않을 시점이다. 2분 워밍업 걷기 후 13분을 달려보자. 중간에 2분을 걷고 다시 13분을 달린다. 이때쯤 운동화를 점검할 필요가 있다. 만약 전문 러닝화가 아니었다면 교체하는 걸 추천한다.

22일 차 스트레칭을 하면서 내 몸 구석구석을 살핀다. 특히 종아리, 허벅지, 무릎 등에 미세한 통증이 있는지 확인하자. 이때쯤 통증이 나타날 가능성이 있기 때문. 약간의 통증이 인지된다면 2~3일은 달리기를 쉬어보자. 많은 초보 러너들이 이때 쉬지 않고 달리기라는 선택을 하는 바람에 한 달 이상 강제 휴식으로 이어지는 경우가 많다. 너무 달리고 싶더라도 꼭 쉬어주자.

23일 차 13분 달리기 후 2분 걷고, 다시 16분 달리기로 마무리!

24일 차 이제 격일로 쉬는 게 아쉬울 지경일 당신. 그만큼 달리는 재미가 붙었다는 의미다!

25일 차 20분 연속 달리기에 도전하는 날! 이제 곧 쉬지 않고 30분 5km 달리기가 가능해질 것이다. 우선 3분 걷기로 워밍업을 한 뒤에 5분 달리기를 먼저 해주고, 다시 2분 동안 걸으면서 '나는 할 수 있다'고 마인드 세팅을 한 다음에 본격적으로 20분 달리기에 도전한다.

26일 차 푸시 업 같은 상체 보강 운동은 달리기를 좀 더 수월하게 해주는 효과가 있다. 달리기 좋은 체형이 되고 지구력 향상에도 큰 도움이 된다.

27일 차 쉬지 않고 25분을 달리는 날이다. 2분 30초 워밍업 걷기 후 25분에 도전해보자. 마무리 2분 30초 걷기로 쿨 다운을 해준다.

28일 차 30분 쉬지 않고 달리기 D-1. 충분한 휴식을 취하고, 영양가 높은 음식을 먹어두자.

29일 차 이제 당신은 30분 동안 쉬지 않고 달릴 수 있다! 5km를 쉬지 않고 달린다는 뜻!

30일 차 드디어 목표 달성! 오늘은 스스로를 충분히 축하해주자. 30분 러닝이 가능해진 여러분은 이제 어떤 도전도 해낼 수 있다.

30일 달리기 프로그램 영상 보러 가기

당신에게 보내는 한 줄

한 아름의 나무도 티끌만 한 싹에서 생기고, 9층의 높은 탑도
흙을 쌓아서 올렸고, 천 리 길도 발밑에서 시작된다.
―노자老子

Chapter 3

즐기는 사람의 페이스

내 인생철학, 마라닉 페이스

'마라닉MARANIC'은 마라톤Marathon과 피크닉Picnic을 합친 단어로 이미 러너들 사이에서 종종 쓰여왔던 표현이다. 목표점을 향해 경쟁하듯 빠르게 달리는 달리기가 아닌, '소풍 가듯 천천히 즐기는 달리기'를 의미한다. 나는 이 말을 처음 듣자마자 물개 박수가 저절로 나왔을 만큼 설레었던 기억이 난다.

그 후로 내 달리기는 철저히 '마라닉 페이스'를 지향해왔다. 마라닉 페이스는 내 삶을 관통하는 철학이 되어주기까지 한 고마운 단어다.

'달리기를 소풍 가듯'이라는 표현은 개인마다 다르게 해석될 수 있다. 또 사람마다 '즐기다'라는 표현의 범위가 다를 것이고, '천천히'의 기준도 다를 것이다. 그러므로 어떻게 받아들이느냐에 따라 달리기의 재미가 다종다양해질 것이고 극대화될 여지가 있을 거라고 생각한다.

나는 '마라닉'의 의미를 처음 접하고 달리기는 '빨라야 하는 운동', '숨차고 괴로운 운동'이라는 고정관념에서 벗어났다.

달리기 초기에는 누구나 속도에 대한 욕심이 생기기 마련이다. 또 신기하게도 하면 할수록 빨라지는 것도 사실이다. 마치 게임의 메커니즘과 비슷하다.

대부분의 게임은 초반에 난이도가 낮고 보상이 커서 레벨 업의 속도가 확연히 빠르다. 하면 할수록 성장하는 게 느껴지기 때문에 도무지 멈출 수 없다. 그러다 어느 순간 정체기가 찾아온다. 한단계 더 도약하기 위해 그전보다 많은 시간을 들여보지만, 이번엔 좀처럼 쉽지 않다. 이 시점에 많은 사람들이 그만두고 다른 게임으로 넘어간다(그래서 게임 개발사는 레벨 업의 난이도 조절을 매우 중요하게 생각한다).

당연히 내게도 여러 번의 달리기 정체기가 찾아왔다. 그동안의 성장 속도로 가늠하자면 지금쯤 더 빠른 속도로 달릴 수 있어야 하는데 마치 몇 주 전으로 되돌아간 듯한 느낌이 들 때가 있었다. 몸은 무겁고 심박은 너무 빠르게 뛴다. 컨디션이 안 좋아서 그러겠거니 한두 번은 넘어가지만 정체기가 며칠이 되고 몇 주가 지나면 조급해진다. '내가 뭘 잘못했나?', '자세가 문제인가?', '몸에 좋다는 걸 좀 먹어야 하나?' 별의별 생각이 다 든다.

기나긴 정체기를 뚫고 한 단계 성장하면 기쁨도 잠시. 또 다른 정체기를 만난다(10년쯤 지나 보니 이 사이클은 끊임없이 반복되는 당연한 현상이었다).

이쯤 되면 달리기가 슬슬 재미없어진다. 심지어 나보다 늦게 시작한 사람이 나를 추월해 나가는 걸 보면 자괴감까지 든다. 삶에도 무력감이 찾아오는 기분이 든다.

그때 다시금 머릿속에 떠오른 말이 '마라닉'이었다.

내가 달리려는 이유가 뭐였나.

더 빠르게 달리기 위해서가 아니라,

이 한 몸 즐겁게 살아가기 위해서가 아니었나.

건강을 위해 시작한 달리기가 언제부터 속도를 위한 달리기가 되었을까. 이렇게 자문하고부터 나는 마음을 고쳐먹었다.

내게 마라닉 페이스란, 몸이 나아가는 속도에 맞춰 달리는 것이다. 초반엔 거의 걷는 듯한 속도로 시작하기도 하고, 몸이 서서히 풀리면 풀리는 만큼 속도를 내보기도 한다. 달리는 도중 힘들다 싶으면 언제든 속도를 낮추고 다시 느림보 달리기로 전환한다. 언

즐기는 사람의 페이스

제든 그만하고 싶어지면 멈추고 돌아온다.

달리는 속도를 늦추는 것과 동시에 그동안 보이지 않던 것들이 보이고 들리지 않던 것들이 들리기 시작했다. 다리의 감각에만 의지하지 않고 오감이 모두 작동하는 것을 느끼며 달릴 수 있었다.

시냇물이 만들어내는 소리에 귀를 기울였고, 고개를 들어 날아가는 철새 떼를 감상했다. 손을 뻗어 아카시아 꽃잎들과 하이파이브를 하면, 꽃나무들은 그런 나를 응원하듯 향기를 뿜어댔다. 갈증을 느끼면 잠시 멈춰 서서 물 한 모금의 달콤함을 맛볼 수 있는 여유도 생겼다. 그동안 이런 다채로운 아름다움을 모른 채 앞만 보며 헉헉대고 달렸다는 사실에 민망해졌다.

힘들었던 달리기가 할 만해지다니. 인생도 이런 마음이면 좀 더 살 만하지 않을까 싶었다.

나는 늘 뭐든 잘하고 싶은 사람이었다. 키가 작고, 집이 가난하고, 엄마가 없는 아이라는 콤플렉스를 극복할 유일한 방법은 뭐가 되었든 남들보다 잘하는 것이라고 생각했다. 문제는 남들보다 뭔가를 월등히 잘할 능력이 없다는 사실이다. 잘하고 싶다는 마음과 잘하지 못하는 나 사이에서 오랫동안 조바심 내며 살아왔다.

물론 노력한 모든 것들이 의미 없지는 않았다. 돌아보면 나를 이만큼 성장시킨 동력들은 간극을 메워보려는 노력들에 있었던 것도 같다. 다만 그 결과들을 대하는 나의 태도가 문제였을 뿐.

방송국 PD 시절에도 그랬다. 다음 작품은 반드시 엄청난 히트작이 되게 할 거라는 마음으로 달려들었다. 그러다 보니 늘 실망이었다. 노력은 했지만 내가 원하는 결과에는 턱없이 못 미쳐 항상 힘들었다. '나는 왜 나영석이나 김태호 PD처럼 인기 있는 프로그램을 못 만들까?' 하며 자책했다.

돈을 대하는 태도도 마찬가지였다. 빨리 부자가 되고 싶었다. 하지만 월급쟁이의 주머니 사정이 뻔하다 보니 주위에서 주식으로 돈을 벌었다는 이야기를 들으면 귀가 팔랑거렸다. 소위 대박주라고 하면 무작정 따라서 샀고 그때마다 반 토막이 났다.

빨리빨리. 늘 속도가 문제였다. 그런 내가 마라닉 페이스를 삶에 적용하면서 삶이 달리 보이기 시작했다.

속도를 늦추면 현재의 삶이 풍성해진다.
지금 이 순간의 모든 것들에 나름의 의미가
숨겨져 있는 듯하다.
긴 인생에서 무엇이 가치 있는지를 깨닫게 된다.
집착을 버려야 할 것들과 끝까지 놓지 않아야
할 것들이 구분이 된다.
지금 당장의 결과보다 좀 더 시간이 흐른 후의
내 모습에 초점이 맞춰진다.

무엇보다 내가 무엇을 향해 달려가고 있는지 자꾸만 되새기게
된다.

뭔가를 잘해서 남들에게 인정받는 것이 중요한 게 아니었다.
순간순간 진심을 다해 나아가겠다는 마음이 중요하고, 그런 나를
인정해주는 내 마음이 중요했다. 또 내가 만들어낸 결과 자체가 중
요한 것이 아니라, 그 결과를 대하는 나의 마음 자세가 중요했다.

〈마라닉 TV〉 구독자분들께 종종 하는 말이 있다. 앞으로 30년
동안 유튜브 채널을 운영하며 같이 달리겠다는 약속이다. 그렇게
말하고 나니 내가 지금 해야 할 일들이 선명해졌다. 조급함도 사라
졌다.

나는 오늘도 '마라닉 페이스'로 달리러 간다.

뛸 테면 뛰어라, 심장아

달리기를 시작하고 한 달쯤 지났을 무렵 놀라운 변화가 찾아왔다. 달리는 시간과 거리가 조금씩 늘어나더니 어느새 약 7km를 쉬지 않고 달릴 수 있게 된 것이다. 급기야 해피러닝 클럽 선배들의 권유에 떠밀려 이천도자기마라톤 10km 코스를 덜컥 신청하고 말았다. 내가 달리기 대회에 출전하다니. 그저 신기할 따름이었다. 실로 오랜만에 심장이 뛰었다.

어린 시절 '심장이 뛴다'는 말은 내게 '두렵다'의 동의어였다. 100m 달리기 출발선에 섰을 때. 덩치 크고 사나운 녀석이 내 앞을 가로 막았던 순간. 수업시간에 졸다가 학생 주임에게 불려나가 몽둥이찜질을 받기 직전. 어린 내가 미친 듯이 뛰어대는 심장 박동을 또렷하게 느껴야만 했던 순간들이다. 심장은 두려울 때나 뛰는 것이었다.

성인이 되어서도 마찬가지였다. 일요일 저녁식사를 마치고 〈개그 콘서트〉를 보며 큭큭대다가도 내일이 월요일이라는 사실을 문득 깨달으면 심장은 속도를 높이기 시작한다. 주말이 주는 달콤함을 뒤로하고 침대에 누우면 심장 소리는 더 크게 들려온다. 애써 눈을 붙이고 선잠을 자다가도 새벽녘 쿵덕대는 심장 소리에 놀라 눈이 번쩍 뜨인다.

출근길 지하철 교통카드를 찍는 순간 '삑' 하는 신호음과 함께 심장에서도 '삐빅' 하는 신호음이 들린다. 오전 주간회의 참석을 위해 회의실 문을 여는 것과 동시에 심장이 쿵쾅댄다. 시청률 그래프를 받아드는 순간에도, 부서장과 밥을 먹는 동안에도, 내 심장은 필요 이상으로 거칠게 뛰어댔다.

건강 검진을 위해 문진표를 작성하다 보면 늘 멈칫거리게 되는 질문이 있었다.

심장이 뛰도록 격렬하게 한 운동은 일주일에 몇 회인가요?

심장이 뛰도록 운동해본 게 언제였더라?
이제 나도 심장을 제대로 뛰게 해야만 했다.

마라닉 페이스

나는 어느새 10km 대회의 출발선에 서 있다.

"5, 4, 3, 2, 1, 출발!"

짧은 쇼츠에 싱글렛(민소매 기능성 티셔츠)을 가볍게 걸친 러너들이 일제히 뛰쳐나간다. 아직 변변한 복장도 갖춰 입지 못한 초보 러너는 얼떨결에 휩쓸리듯 출발한다.

1km쯤 지났을까? 호흡이 가빠진다. 고수들의 무리 속에서 떠밀리듯 달리다 보니 평소 페이스보다 많이 빨라진 것이다. 이대로는 10km를 완주하기 힘들 수 있다는 걸 직감하곤 속도를 살짝 늦춘다. 불과 한 달여 만에 이런 조절을 스스로 할 수 있게 되었다는 사실을 깨닫곤 흐뭇해진다. 또한 이렇게 에너지 넘치는 러너들 사이에서 함께 달리고 있다는 사실만으로 어깨가 으쓱해진다.

'어? 벌써?' 하는 사이 5km 반환점이 눈앞에 나타났다. 기세 좋게 반환점을 돌아 나오는 몸이 가볍게 느껴진다. '과연 10km를 완주할 수 있을까?' 싶었던 의구심은 눈 녹듯 사라지고 조금 더 빠르게 골인하고 싶다는 욕심이 든다. 내 최고 기록인 7km 지점을 넘어서는 순간에도 지치는 느낌이 없었다(흔히들 말하는 '대회 뽕'의 순간이 아니었을까 싶다. 꼭 한 번쯤 느껴보시길). 남은 3km는 더 밀어붙인다.

마지막 500m를 남겨두곤 모든 힘을 짜내어 전력을 다해 질주

한다. 심장이 목구멍 위로 튀어 나올 것 같았지만 아드레날린이 솟구치는 듯한 감정을 느끼며 달린다.

Finish. '하얗게 불태웠다'라는 말은 이럴 때 쓰는 게 아닐까. 완주 메달을 목에 걸고 물과 간식을 받아 나오는 그 순간에도 심장 박동은 잦아들지 않았다. 엄청난 쾌감이 밀려왔다.

이런 기분을 느껴본 게 언제였더라….
내 심장에서 강력한 빛 하나가 새어나오는 것 같았다.

우리의 심장이 빨리 뛰는 이유는 단순하다. 외부에서 예상치 못한 위협이나 도전을 받으면(스트레스 상황) 순간적으로 운동 능력을 향상시키기 위한 몸의 생존 본능이다.

스스로 컨트롤할 수 없는 상황에 자주 노출되었던 나는 스트레스를 자주 받았고, 그럴 때마다 심장이 터질 듯 빠르게 뛰었다. 판단력을 잃고 허둥대기도 했다.

하지만 달리기로 인한 심장 박동은 스트레스 상황에서와 다르게 작동한다. 외부 요인에 대한 심장의 반응이라는 측면에서만 보면 같은 맥락일 수 있다.

그러나 달리기로 빨라진 심장 박동과
스트레스로 빨라진 심장 박동에는

결정적 차이가 있다.

바로 전자는 내가 스스로 선택한 행위로 말미암은 것이기에,
'얼마든지 받아들일 마음의 준비가 되어 있다'는 점이다.

또한 달리기를 하면 단계적으로 심박수가 증가한다. 불현듯
날뛰는 게 아니라, 자동차의 액셀러레이터를 서서히 밟으면 엔진
이 점차 속도를 높여가듯 자연스럽게 빨라진다. 게다가 달리면 달
릴수록 심장의 '배기량'은 커진다. 이 말인즉 심장이 점차 강화된다
는 뜻이다. 경차는 시속 100km의 속력을 내기 위해 풀 액셀을 밟
아야 한다면, 스포츠카는 살짝만 밟아도 쉽게 100km에 도달하는
것과 같은 원리다. 경차를 타다가 중형차로, 그다음엔 스포츠카로
업그레이드 시킬 때의 기분이 이와 같을까?

일반적으로 성인이 편안한 자세로 있을 때 1분당 심박수(안정
시 심박수)는 평균적으로 60~100회 사이다. 온몸에 혈액을 공급하
기 위해 심장이 분당 60~100회 정도의 운동을 한다고 보면 된다.
그런데 운동선수들의 안정 시 심박은 보통의 성인보다 현저히 낮
다. 현역 시절 박지성 선수의 안정 시 심박수는 40회, 이봉주 선수
는 38회였다고 하는데, 이는 심장이 남들에 비해 덜 운동해도 되는
효율적인 상태로 단련된 까닭이다.

햇수로 달리기 12년째인 나의 안정 시 심박수는 (컨디션에 따라

다르긴 하지만) 평균 50 정도다. 아주 천천히 달려도 심박수가 160~170을 찍던 시절과 달리, 지금은 풀코스 마라톤에서도 평균 150 정도를 유지하며 달릴 수 있다.

살아가는 동안 스트레스를 받지 않기란 거의 불가능하다. 하나, 달리기를 통해서라면 심장의 근육을 단련시킴으로써 스트레스에 대한 민감도를 낮출 수 있다. 나는 결코 스트레스 상황을 피하려고 하지 않는다. 오히려 담담하게 받아들이고 적절한 대처법을 찾아내려고 숙고할 뿐이다.

이렇게 달리기라는 무기로써 스트레스와 마주하고,
현명히 대처하는 법을 배워나가고 있다.

나만의 페이스를 찾는 법

30대 중반의 어느 아침. 회사 앞 카페 창가 자리에 앉아 바쁘게 움직이는 사람들을 멍하니 바라보고 있었다.

눈앞으로 흐르는 세상은 마치 빠르게 돌아가는 필름처럼 느껴졌다. 사람들은 저마다의 목적지를 향해 달려가고 있었지만, 오직 나만 제자리에 멈춰 서 있는 것 같았다.

그날도 여느 때처럼 새벽같이 일어나 회사로 향했다. 그런데 출근길에 돌연 모든 것이 무의미하다는 생각이 들었다. 발길을 돌려 회사 앞 카페에 들어섰다. 카페의 벽시계는 어제와 똑같이 오늘도 흘러가고 있음을 무심하게 알려주듯 재깍거리고 있었다. 초침의 움직임에 따라 내 심장도 재깍거렸다.

늘 뭔가를 해야 한다는 강박에 쫓기며 잠시도 쉬어가지 못했던 날들. 출근 시간이 1시간이나 남도록 일찍 출근하면서도 커피 한 잔 마실 여유가 없었다는 것. 나는 과연 내가 원하는 삶을 살고 있는지, 아니면 세상이 기대하는 속도에 맞추려고 아등바등하고 있는 건지 생각에 잠겼다.

어떻게 하면 달리기에서 나의 페이스를 찾았듯 인생에서도 그럴 수 있을까? 나는 처음으로 10km를 나만의 페이스로 달린 순간을 떠올렸다. 그 뿌듯했던 경험을 떠올리는 것만으로 인생의 해답이 주어지는 건 아니었지만, 삶에서도 나만의 리듬을 찾을 수 있는 가능성이 열릴 것만 같았다.

내 삶을 주도적으로 이끌고, 내가 진정으로 원하는 것이 무엇인지 찾아야겠다고 결심했다.

일부러 더 느리게 걸음을 옮겨 카페를 나섰다. 매일 지나다니는 출근길이었지만 그날만큼은 조금 다르게 느껴졌다. 그리고 머지않아 나만의 페이스를 찾기 위한 여정을 떠날 수 있었다.

확실히, 인생에서 자신만의 페이스를 찾는 것은
달리기와도 유사하다.

이쯤에서 자신에게 맞는 달리기 페이스를 찾는 법을 소개해보고 싶다. '인생 이야기를 하다가 무슨 달리기?'라며 반문하실 수도 있겠지만, 나는 달리기에서 깨달은 경험을 삶에도 적용해 나만의 리듬과 균형을 찾았다.

달리기에서는 적절한 페이스를 유지하는 것이 매우 중요하다. 달리기 효과를 극대화하고 부상을 예방하는 데에 도움이 되기 때문이다. 무엇보다 달리기가 10배쯤 더 즐거워지는 방법이기도 하다.

현재 체력 수준 평가하기

가장 중요한 단계다. 대부분의 초보 러너들이 (심지어 1년 이상 달리기를 해온 사람들 중에도) 자신의 체력 수준을 제대로 알지 못하고 무리하게 목표를 설정하다가 부상을 당하는 경우를 많이 보았다. 또한 실력이 원하는 만큼 빨리 늘지 않으면 심리적 압박감을 느껴 목표를 과하게 높게 잡는 경우도 있다.

반대로 자신의 체력 수준을 과소평가해 운동의 강도를 너무 낮게 잡으면 운동 효과를 보지 못하고 쉽게 지루함을 느껴 중단하는 경우도 있다. 따라서 현재 자신의 달리기 능력과 체력 수준을 정확히 파악하는 것이 시작점이라고 할 수 있다.

개인마다 자신의 체력 수준을 평가하는 방식은 다양한데, 무엇이 옳은 방법이라고 말하기 어렵다. 전문 선수들을 코칭하는 전문가들도 평가 방식이 다 다르고, 의견도 제각각이다. 또한 나는 전문 운동선수가 아니기 때문에 내게 맞는 방식을 찾는 게 더 중요하다고 생각했다. 내 경우는 이렇게 했다.

당시 나는 10km 정도의 달리기가 가능했던 상황이었다. 하지만 달리는 내내 페이스가 들쑥날쑥하는 바람에 내게 맞는 페이스가 어느 정도인지 알기 어려웠다. 10km를 달리는 데 어떤 날은 70분이 넘게 걸렸고, 어떤 날은 60분 안팎으로 들어오기도 했다. 내 현재 수준을 정확히 알아내는 게 시급했다.

일단 세 번의 테스트 날을 정했다(약 3~4일 간격으로 진행했다).

테스트에서의 핵심은 매 1km를 같은 속도로 끝까지 유지하는 것이다. 예를 들어 1km를 달리는 데 7분이 걸렸다면 남은 9km도 모두 7분씩을 유지해서 총 70분이 걸리도록 달려야 한다.

첫날 테스트는 7분으로 해보았다. 4km까지는 7분에 가깝게 잘 맞추었다. 5km쯤 지나자 몸이 풀리면서 속도가 점점 붙기 시작했다. 하지만 이럴 때 다시 속도를 낮춰 7분으로 맞추는 것이 중요하다. 여기서 속도를 높였다가 후반부에 다시 처지면 훈련은 실패다. 다시 페이스를 정비해서 1km당 7분 속도에 맞춘다. 이렇게 10km를 다 뛰어보니 몸에 아직 힘이 남아 있는 게 느껴진다. 그렇다면 7분 페이스보다는 좀 더 빠르게 달릴 수 있다는 게 확인된다.

마라닉 페이스

두 번째 테스트 날에는 1km당 6분의 속도로 달려본다. 7km 지점이 지나자 슬슬 버거워진다. 남은 3km가 너무 힘들어서 마지막 2km는 1km당 8분이 넘어가버렸다. 이로써 내게 6분 페이스는 아직 무리라는 결론이 도출된다.

마지막 테스트 날에는 6분 30초에 도전. 예상하신 분이 있겠지만, 이게 내게 맞는 페이스였다. 10km를 65분에 달릴 수 있는 체력이 당시 나의 수준이었던 것이다. 너무 힘들지도 그렇다고 너무 수월하지도 않게 10km를 달릴 수 있는 수준. 이 페이스로 달리면 적당한 성취감과 함께 속도에 대한 부담감이 낮아진다.

10km를 달리는 동안 심박수가 거의 일정하게 유지되다 보니, 호흡이 안정되고 몸이 가볍게 나아가므로 달리는 것이 즐거운 상태가 된다. 다 뛰고 나서도 몸이 받는 대미지가 적어서 곧 다시 달리고 싶어진다. 이렇게 나에 대해 객관적인 정보를 얻고 나면 목표 설정이 쉬워진다.

목표 설정하기

자연스럽게 목표는 10km를 60분에 달리는 것으로 잡을 수 있었다. 1km당 6분 페이스로 달리기 편안한 체력을 만드는 것. 나를 파악하고 나니 목표가 명확해졌다.

내 수준을 제대로 알지 못했을 때는 끝없이 의문이 들면서 마음이 조급해졌다. 어떤 날은 목표에 근접하는가 싶기도 했다가 어떤 날은 무리인가도 싶었다. 60분 내로 달려보고 싶다는 목표는 지금과 같았지만, 그 목표를 대하는 마음가짐은 달랐다.

하지만 이제 조급할 필요가 없다. 내 현재 실력과 목표 사이에 불과 5분 정도의 갭이 있다는 게 확인되었기 때문이다. 또한 그정도 차이는 꾸준히 연습하면 단축시킬 수 있다고 믿게 된다. 또한 5분을 더 쪼개어 1분씩 단축시키는 목표로 설정할 수도 있다. 이번 주는 64분, 다음 주는 63분… 이런 식으로 말이다. 이러면 최소두 달 안에는 목표를 이룰 수 있겠다는 자신이 생긴다.

여기서 잊지 말아야 할 것은 6분 30초 페이스로 달릴 때 비교적 편안하고 즐거운 상태여야 한다는 점이다. 물론 죽기 살기로 달리면 60분 이내로 달릴 수야 있을 것이다. 하지만 그건 내 현재 수준이 아니기 때문에 그 과정에서 피로감이 크고 근육이나 관절이 부상을 입기 쉽다. 기껏 쌓아온 실력이 퇴보하는 지름길이다.

내 경우, 두 달 정도 단계적인 훈련을 통해 6분 페이스를 만들었다. 두 달 만에 10km를 달리는 데 60분 안에 들어오는 것이 자연스럽고 편안한 상태가 된 것이다. 그다음 목표는 투 트랙으로 나누어 설정했다. 하나는 같은 거리(10km)를 달리면서 서서히 페이스를 높여가는 것. 이 방법으로 1년쯤 지나자 10km를 40분에 뛸 수 있게 되었다.

또 다른 목표는 6분의 페이스로 서서히 거리를 늘려가는 것. 11km − 13km − 15km − 20km 이런 식으로 말이다. 이 방법으로 7~8개월쯤 지나자 풀코스 마라톤을 완주하게 되었다. 그것도 5분 40초 페이스로.

정말 놀라운 성과였다. 내 인생에서 이렇게 차근차근 단계별 목표를 이뤄낸 적은 없었다. 이런 방식이 달리기뿐 아니라 삶의 다른 영역에도 통하리란 확신이 생겼다.

우선 삶에서 변화가 필요한 지점을 체크했다. 당시 나는 직업적 만족도나 성취도가 많이 떨어져 있었고, 그로 인해 매우 불안정한 상태에 놓여 있었다. 이를 개선하기 위해서는 내 현재 수준을 최대한 객관적으로 파악해야 했다.

하지만 이런 삶의 문제, 특히 일이라는 영역에서 자신의 정확한 위치나 능력치를 파악해내는 건 그리 간단한 문제가 아니다. 달리기처럼 정량적인 수치들을 도출하기 어려울뿐더러 나를 둘러싼 상황이나 환경이 미치는 영향도 크다. 그래서 나는 좀 더 장기적인 관점에서 접근했다.

나의 현재 위치를 파악하기 위해 가장 먼저 한 일은 바로 기록이었다. 당시 머릿속은 뒤죽박죽이었고 도대체 내가 어디쯤 있는지 어디로 가야 하는지 알 수 없었다. 그래서 그 복잡한 생각들을 빠짐없이 적어두는 게 필요하다고 생각했다.

매일 나에게 일어나는 일들, 그날그날 떠오르는 생각이나 감정, 책이나 다른 사람들과의 대화 속에서 얻게 된 인사이트 등을 차곡차곡 적어갔다.

그렇게 한 달쯤 지나고 노트를 들춰보니 주로 기록하는 것들이 몇 가지로 압축되는 게 보였다. 내가 어떤 상황에서 불안해하는지 혹은 무료해하는지, 어떤 것들에 주로 관심을 갖는지, 무엇을할 때 조금 더 즐거워하며 무엇을 할 때 행복함을 느끼는지.

그렇게 두세 달쯤 지나자 기록의 형태가 자연스럽게 바뀌어가고 있었다. 그날 일어난 사건의 기록보다는 순간순간 내가 느낀 감정과 자기반성, 그리고 앞으로의 다짐들이 주를 이루었다.

또한 내 생활 전반에 걸쳐 문제가 되고 있는 것들이 보이기 시작했다. 예를 들면 나는 문제의 원인 상당 부분을 다른 사람 또는 환경에서 찾고 있었다는 점.

이렇게 기록을 통해 '나'라는 사람에 대해 제대로 알아가기 시작했다. 나는 '스스로 결정하고 그에 대한 책임을 지는 것을 좋아하는 사람'이었다. 그러면서 '좋은 영향력을 미치고 싶어 하는 사람'

이라는 점도 변함없음을 확인할 수 있었다. 비로소 현재 나의 페이스를 확인하게 된 것이다.

현재 상황에 대한 이해가 생기자 다음 목표가 명확해졌다. 내 환경을 바꾸지 않으면 아무것도 바뀌지 않을 거라고 판단했고, 하나씩 준비해서 내가 원하는 일을 시작해야겠다는 목표를 세웠다. 그렇게 나는 내 페이스를 찾고 목표를 이루기 위한 단계별 전략을 세울 수 있었다.

물론 각자 맞닥뜨릴 실전은 내가 정리한 설명만큼 쉽지 않을 것이다. 이 과정 중에 실패하고 좌절할 수 있다. 하지만 중요한 건 자신만의 페이스를 찾으려면 자기 자신과의 깊은 대화가 반드시 필요하다는 점이다. 그 대화의 끝엔 자기 인식이 주는 상쾌한 기쁨과 보다 가벼워진 발걸음으로 향하게 될 명징한 목표만이 남을 것이다.

천천히 달려야 잘 달릴 수 있다

천천히 달려야 잘 달릴 수 있다?

처음 이 말을 접했을 땐 모순된 문장이라고 생각했다. 이미 달리기라는 행위에 '빠르다'라는 의미가 포함되어 있는 거 아닌가? 어떻게 천천히 달려야 잘 달릴 수 있다는 말이지?

한동안은 그게 정말 맞는 말인지 반신반의하며 달렸다. 그러나 이제는 나를 비롯한 주변 러너들의 경험, 다양한 연구 결과를 통해 확신할 수 있게 되었다.

유산소 운동 방법 중 존2운동zone 2 training이 있다. 유산소 운동은 심박수의 강도에 따라 최저강도인 존1부터 최고강도인 존5까지

다섯 구간으로 나뉜다. 존2운동은 '존2' 구간의 심박수를 유지하는 운동을 말하는데, 이때의 심박수는 자기 최대 심박수의 약 60~70 퍼센트에 해당하는 정도로 본다. 존2운동은 강도는 낮아 부상의 위험이 덜하고, 지구력 증진이나 대사 건강 개선을 돕기에 달리기에도 적용하기 좋다.

최근 출시되는 스마트 워치나 달리기 전용 GPS 워치에는 심박수에 따른 존1~5 구간을 실시간으로 모니터링해주는 기능이 있어 달리면서 자신이 어느 구간에 있는지 쉽게 확인할 수 있다. 만약 이런 기능의 시계가 없다면 달리는 동안 〈애국가〉를 불러보라. 숨이 차지 않게 부를 수 있는 속도일 때를 존2 구간으로 보면 대략 일치한다. 다시 말해 매우 천천히 달리는 것이다. 매우.

존2운동은 지방 연소를 촉진하고, 탄수화물과 지방 사이에서 에너지원을 전환하는 능력인 대사 유연성을 향상시켜서 체중 감량에 큰 도움이 된다. 거두절미하면 천천히 달려야 살이 쭉쭉 빠진다는 뜻이다.

천천히 달려야 살이 잘 빠진다니, 의문이 들 수 있다. 천천히 달릴 때보다 빨리 달릴 때 에너지 소모가 더 많지 않은가? 그러니 빨리 달릴수록 살이 더 잘 빠지는 게 당연한 거 아닐까? 타당한 의문이지만, '천천히 달려야 살이 빠진다'는 주장의 근거를 좀 더 자세히 들여다보면 수긍이 될 것이다.

　존4~5 달리기는 고강도로 진행되는 만큼 단시간에 많은 칼로리를 소모한다. 우리 몸은 운동하는 동안 두 가지 주요 에너지원인 탄수화물과 지방을 사용한다. 순간적인 힘을 요하는 고강도 운동을 할 때에는 주로 글리코겐(탄수화물)을 더 많이 연소하는 반면, 강도가 낮은 존2 달리기는 고강도 달리기에 비해 상대적으로 더 많은 지방을 연소한다.

　장기적인 체중 감량의 관점에서 보면, 지방 연소가 더 중요하다고 볼 수 있다. 물론 고강도 운동도 오래 지속한다면 글리코겐이 완전연소된 다음 지방이 연소되기 시작하겠지만, 문제는 오래 지속하기가 힘들다는 점이다. 고강도 운동은 극도로 피로를 유발하고 부상 위험이 높기 때문에 지속적이고 반복적으로 수행하기 어렵기도 하다(작심삼일의 주범이 아닐까?).

　또한 고강도 운동은 식욕을 강하게 자극하여 과식으로 이어지기 쉬운 탓에 '건강한' 체중 감량을 방해하기 쉽다. 하지만 상대적으로 존2운동은 식욕을 덜 자극하고, 더 균형 잡힌 식사를 유지하는 데 도움이 될 수 있다.

　이 밖에도 존2운동은 인슐린의 감수성을 높여줘 혈당 조절 능력이 개선된다. 천천히 달리는 동안 우리 뇌는 스트레스 호르몬인

코르티솔의 수치는 낮춰주고 행복 호르몬인 도파민과 세로토닌의 분비는 촉진시킨다. 또 운동 강도가 낮다 보니 신체에 부담이 덜 가면서도, 몸의 에너지가 활성화되기 때문에 하루 동안 활동적인 상태가 유지된다.

어떤가? 이 정도면 달리기 속도를 낮출 이유가 충분하지 않나?

과학적으로 증명된 근거도 이토록 많지만, 무엇보다도 빠르게 달려야 한다는 부담감이 사라지면 당장 나가서 가볍게 달려보고 싶은 마음이 든다는 점이 천천히 달리기의 가장 큰 효과다.

그렇다. 사실은 이것이 내가 이 글에서 말하고 싶은 가장 중요한 메시지다.

천천히 달리기는 우리에게 자신감과 성취감을 동시에 준다. 스스로에게 빠르게 달리기를 강요하면 부족함을 느끼게 되기 마련이지만, 부하가 걸리지 않는 속도로 차분히 달려낸 나에게는 충만함만 남을 뿐이다. 이러한 과정에서 우리는 자신의 한계를 넘어서는 것이 중요한 게 아니라, 자신과의 조화를 이루며 조금씩 성장하는 것이 진짜 소중한 가치라는 걸 깨닫는다.

우리는 종종 빠르게 달려야 스트레스 해소에 더 효과적이리라 생각한다. 영화나 드라마, 광고 속 주인공이 복잡한 마음을 한바탕

내달리기로 날려버리는 장면을 많이 접해온 탓일 수 있다. 하지만 내 경우 빠르게 달리기는 오히려 심리적인 조급함을 가중했다. 반면 이른 아침 30분 정도의 가벼운 달리기는 심리적 안정감을 주고 하루의 활력을 가져다주는 것을 수도 없이 경험했다.

페스티나 렌테Festina Lente. 이 말은 로마 제국의 전성기를 이끈 아우구스투스Augustus 황제가 한 말로 '천천히 서둘러라'라는 뜻이다. 이 역시 모순투성이 문장이다. 하지만 그는 여기에 기반한 통치 철학으로 로마 제국을 안정기로 이끌었다.

그는 맹목적인 서두름이나 조급함이 큰 실수로 이어진다고 믿었으며, 신중하게 행동하면서도 꾸준하게 나아가는 것이 중요함을 몸소 보여주었다. 이 철학에 따라 많은 희생을 치러야 하는 전투에 앞서 동맹을 체결하고 전술의 유연성을 강조했고, 불필요한 전투는 회피함으로써 궁극적으로는 승리를 얻는 결과를 얻었다. 전쟁에서 빠르게 승리하려는 유혹을 뿌리치고 전략적으로 접근하길 우선시했던 것이다.

우리에게도 '급할수록 돌아가라'라는 훌륭한 격언이 있다. 강물이 곧장 질러가길 포기하고 굽이굽이 흘러가는 이유가 있을 것이다. 그것이 가장 빠른 길임을 자연은 아는 것이다.

달리기를 시작한 사람이라면 누구든 조급함이 드는 때가 있다. 빨리 살이 빠졌으면 싶고, 빠르게 거리를 늘려가거나 속도를 높여가길 기대한다. 하지만 조급함은 연속적으로 불안감을 야기한다. 목표에 도달하지 못하면 그것대로 마음이 불편하고, 빨리 목표를 이루면 그것대로 다음 목표 달성에 갈급해진다. 이 와중에 예상치 못한 부상을 당해 원래의 몸 상태로 되돌아가기도 한다.

천천히 달리기는 우리가 달리기를 시작한
'진짜 이유'를 잊지 않게 해준다.
우리는 날씬한 몸매로 돌아가고 싶어서
혹은 건강을 되찾고 싶어서
달리기를 시작했다고 생각하지만,
더 근본적인 이유로 돌아가면
'지금보다 더 행복한 삶'을 위해 시작했을 것이다.
살이 쪄서 불행하다는 생각,
건강하지 않으니 행복하지 않다는 생각 때문에
시작한 것 아닌가.

그런데 행복은 단순히 살이 빠진다고 찾아오는 건 아니다. 건강만 되찾는다고 해서 만들어지는 것도 아니다. 행복은 종합 예술과도 같다. 여러 가지 삶의 요소들이 균형 있게 맞춰질 때라야 행복이라는 감정이 우리에게 깃든다. 그러므로 달리는 동안 늘 새겨둬야 한다. '나는 행복하기 위해 달리는 것'임을.

그러면 경쟁에 시달릴 이유도, 살이 좀 더디게 빠진다고 우울해할 이유도 없다.

천천히 달릴수록 잘 달릴 수 있다는 말은 이제 내 삶의 신념과도 같다. 그것은 '삶의 방향만큼은 잃지 않겠다'는 나 자신과의 중요한 약속이기도 하다.

성장이 성장을 이끈다

어린 시절, 친구들과 동네 징검다리를 건너야 한 적이 있었다. 평소라면 별생각 없이 건너다니던 곳이었어도 그날은 비가 많이 온 후여서 물살이 제법 빨랐다. 심지어 중간에 돌 몇 개가 유실되면서 돌과 돌 사이에 멀찍한 공간이 생겨 있었다.

다들 머뭇거리는 동안 친구 녀석 하나가 훌쩍 점프를 해서 건너갔다. 내심 다른 친구들은 건너지 않길 바랐다. 하지만 머뭇대던 녀석들이 하나둘 건너갔고 나만 홀로 남겨졌다.

몇 번의 결심과 포기를 반복하다가 세차게 흐르는 물살 앞에서 머리가 새하얘졌다. 결국 나는 멀리 돌아가는 길을 택했고 온종일 친구 녀석들의 놀림을 받아야 했다.

집에 돌아와 마당에 아까 전 돌과 돌 사이만큼의 선을 긋고는 점프를 해보았다. 뛰어보기 전까지는 꽤나 먼 거리라고 느꼈지만 막상 해보니 선을 훌쩍 넘길 수 있었다. 내게 충분한 실력이 있음에도 괜한 두려움에 가로막혀 있었다는 것을 깨달았다.

다음 날, 여전히 중간쯤이 끊겨 있다시피 한 징검다리를 친구들 앞에서 보란 듯이 가볍게 점프해 건너갔다.

지금 생각하면 피식 웃음이 나지만 그때의 그 작은 성취감에 매료되었던 기억이 난다. 발아래 흐르는 물을 바라보며 느꼈던 두려움을 극복하고 자신감을 얻은 나는 점프 장인이 되었다. 그 후 몇 달이 지났을 때는 친구들 중 가장 멀리 뛰는 아이가 되어 있었다. 학교에서 돌아오면 매일같이 마당에 선을 긋고 멀리 뛰는 연습을 했던 덕분이다.

거의 모든 성공 스토리는 작은 성공에서 시작된다.
그리고 성공과 성공 사이에는
작은 성장들이 징검다리처럼 놓여 있다.

달리기를 잘 모르는 사람들은 도대체 42.195km를 어떻게 달리느냐고 혀를 내두른다. 그렇게 되기까진 5km, 10km, 15km, 20km, 30km를 달려내는 성장의 과정이 있다는 걸 인식하지 못하기 때문이다. 그리고 그 첫 시작은 다리를 뻗어 돌다리를 넘는 순간부터이리라.

이제는 나의 달리기 친구가 된 진선규 배우의 이야기를 해볼까 한다. 그는 15년 동안 무명 배우로 지내면서도 결코 포기하지 않고 자신의 길을 꿋꿋이 걸어와 지금은 누구나 아는 유명한 배우가 되었다. 그가 달리기를 대하는 태도를 보면서 그가 어떻게 성공의 단계를 밟아왔을지 짐작할 수 있었다.

진선규를 처음 만났을 때, 영화 촬영 중 허리에 큰 부상을 입은 적이 있어서 격렬한 운동은 불가하다고 했다. 그즈음 5km 정도만 가볍게 달리고 있었다.

우연한 기회로 만나서 몇 번을 달렸는데, 같이 달리는 횟수가 잦아지는 동안 그의 거리도 점점 늘어나는 게 보였다.

그는 모든 촬영장에 러닝화를 챙겨 다녔다. 바쁜 스케줄 속에서도 시간을 내어 꾸준히 달리기를 이어갔다. 그렇게 함께 달린 지 2개월여 만에 그는 무려 21km를 달려냈다. 마지막 5km 정도를 남겨두고 그가 얼마나 힘들어하는지 옆에서 같이 뛴 내게도 고통이 전해지는 듯했다. 그러나 끝까지 포기하지 않았다. 마지막으로 스톱워치의 버튼을 누르고 나서야 기쁨의 환호를 외치는 그의 모습을 보았다.

그는 이렇게 긴 거리를 달리게 될 줄 기대하지 않았지만, 아주 천천히라도 5km를 처음 달려냈던 순간 직감했다고 한다. 이 속도라면 좀 더 긴 거리도 가능할 수 있겠다는 것을.

달리기만이 아니다. 앞에서 살짝 언급했지만, 최근에 진선규, 고한민 배우와 함께 영어 회화 스터디를 하고 있다고 밝힌 바 있다. 여기서도 그의 태도는 빛났다.

우리 스터디는 선생님이 그날의 미션을 전달하면, 각자 영어로 말하는 모습을 동영상으로 찍어 단톡방에 올리는 방식으로 진행되곤 한다. 사실 나는 미션을 수행하기 급급했는데, 진선규는 달랐다. 어떻게 하면 영상을 더 재미있게 찍을 수 있을지 고민했고, 단순한 말하기가 아닌 상황극을 만들어 연기까지 했다. 영어 말하기에 연기가 얹어지니 훨씬 재미있고 자연스럽게 공부가 되었다.

심지어 성실했다. 연기 분장을 한 채로 영상을 찍어 올릴 정도로, 바쁜 촬영 일정에도 절대로 스터디를 빼먹지 않았다. 그런 모습들을 지켜보면서 그가 어떻게 좋은 배우가 될 수 있었는지 여실히 느꼈다.

그는 연기라는 한길을 꾸준히 걸어왔다. 그 과정에서 지칠 때도 좌절할 때도 있었겠지만, 그럼에도 앞으로 나아갈 수 있었던 것은 작은 성취의 힘을 믿었기 때문이 아닐까. 또 그 힘을 달리기와 영어 공부에도 그대로 적용하고 있다.

언젠가 영어 미션 중에 "당신의 꿈은 무엇인가?"라는 질문을 받은 적 있다. 그 질문에 진선규 배우는 이렇게 답했다.

"난 언젠가 칸에서 수상소감을 영어로 말하게 될 거야. 그게 내가 지금 영어 공부를 열심히 하는 이유야(Someday, I will be an actor giving an acceptance speech in English at Cannes. That's why I'm studying English hard now)."

삶에서 경험하는 작은 성공들은 우리를 성장의 길로 이끈다. 이 작은 단계들을 하나하나 거치면서 자신감을 얻고, 더 큰 목표를 향해 나아갈 수 있는 힘을 키워나간다. 처음 몇 발자국부터 시작해 점점 더 긴 거리를 달리게 되는 달리기처럼.

우리의 성장은 점진적이다. 이러한 과정 속에서 우리는 자신의 한계를 넘어서는 경험을 한다. 나는 그 과정 자체가 바로 가장 큰 성장이 아닐까 싶다.

머지않아 진선규가 칸의 무대에서 영어로 수상소감을 말하는 날이 올 거라고 나는 믿는다.

러너스 하이에 대한 나의 생각

러너스 하이runner's high에 대해서는 러너들마다 의견이 분분하다. 어떤 이는 장거리를 달릴 때 마치 또 다른 차원으로 들어선 듯 경이로운 체험을 했다고 말한다. 다른 누군가는 달리기란 달리면 달릴수록 다음 발걸음을 내딛는 것조차 버거운 고된 싸움일 뿐이며 러너스 하이 같은 건 느껴본 적 없다고 한다.

'러너스 하이를 느껴본 적 있나요?'라는 질문을 받을 때마다 명확히 답하지 못하고 에둘러 넘겼던 적이 많다. 하지만 분명한 건 내게는 뭔가 다녀간 적이 있었다는 사실이다. 다만 그걸 어떻게 설명해야 할지 몰랐기에 어물쩍 넘겨왔다. 하지만 여기에서 그 기억들을 최대한 끌어내 옮겨보려 한다.

'러너스 하이'는 말 그대로, 달리는 사람이 특정 시점에 하늘을 날 듯 몸이 가벼워지고 기분이 좋아지는 경험을 뜻한다. 통상 러너스 하이를 이렇게 정의한다.

"30분 이상 뛰었을 때 밀려오는 행복감. 헤로인이나 모르핀을 투약했을 때 나타나는 의식 상태나 행복감과 비슷하다. 다리와 팔이 가벼워지고 리듬감이 생기며 피로가 사라지면서 새로운 힘이 생긴다."

이 용어는 1970년대에 처음 사용되었다고 알려져 있다. 당시 러닝이 대중화되면서 이러한 현상에 대한 관심도 함께 증가했고, 러너스 하이라는 용어가 널리 퍼지기 시작했다.

나 또한 달리기 초반에 러너스 하이가 과연 실재하는지, 아니면 그저 달리기 선배들의 과장된 표현인지 궁금했다. 그러나 몇 번 달려보니 그런 궁금증을 갖는다는 것 자체가 굉장한 사치였음을 알았다. '이 힘들고 지루한 시간이 빨리 지나갔으면…' 하는 생각밖엔 들지 않았기 때문이다.

주력이 점차 쌓이고 수많은 아스팔트와 흙길을 내 발로 밟아가는 사이, 몸은 내달리고 있어도 마음에는 서서히 여유가 생겼고, 어느 순간 불쑥 무언가가 나타났다 사라지곤 하는 경험을 하게 되었다.

그것이 과연 러너스 하이였는지도, 정확히 언제쯤이었는지도 명확하지 않다. 다만 달리기가 점차 익숙해질 무렵이었으니 달리기 시작한 지 3~4개월쯤 지났을 시점이 아닐까 싶다. 그날의 달리기는 마라톤 대회 같은 특별한 상황도, 아름다운 해변 같은 특별한 장소에서도 아니었다. 그저 평소와 다를 바 없는 평범한 날들 속, 평범한 풍경 속에서 찾아왔다.

여느 날처럼 캄캄한 어둠이 남아 있던 새벽 시간이었다. 그 무렵, 중랑천 산책로는 나의 매일을 수놓는 루틴의 일부이자, 나 자신과의 친밀한 대화를 나누는 공간이 되어 있었다. 문밖을 나설 때까지만 해도 다른 보통의 날들과 같은 평범한 달리기가 될 것이라 생각했다. 아니, 정확히는 별생각이 없었다. 그저 새벽의 차가운 공기를 가르며 몸을 움직이는 것만으로도 만족하며 달리고 있었다.

하지만 반환점을 돌아서면서부터 평소와 뭔가 다르다는 느낌을 받았다. 발걸음이 이어질수록, 심장이 뛸수록 잡념들이 사라지고 나는 점점 그 순간에 녹아들었다. 발을 구를수록 용수철이 달린 듯 가볍게 튕겨져 올랐고, 평소라면 슬슬 시작되었을 통증이나 피로감도 느껴지지 않았다. 마음속 깊은 곳에서 우러나는 평온함과 함께 전율을 일으키는 행복감이 온몸을 휘감았다.

'나 왜 이렇게 행복하지?'

나도 모르게 눈물이 나오기 시작해서 몇 번을 훔쳐내야만 했다.

동이 터 오면서 주변의 풍경은 더욱 선명해졌고, 색감도 더욱 뚜렷하게 빛났다. 마치 세상과의 경계가 허물어지고, 나 자신만이 존재하는 시공간 속으로 들어선 것 같았다. 그 순간, 나는 영원히 달릴 수 있을 것만 같았다. 세상의 모든 걱정과 스트레스에서 벗어난 듯 자유로웠다.

이런 게 러너스 하이인가? 정확히 알 수는 없었지만 그게 중요한 게 아니었다. 내 삶에서 결코 느낀 적 없던 새로운 경험을 만났다는 사실이 중요했다. 그것은 외부의 자극으로부터 얻는 행복감의 종류가 아니었다. 내 안에서 오롯이 생성되어 나온 순수한 기분 그 자체였다.

그런 기분이 얼마 동안이나 지속되었는지는 기억나지 않는다. 대략 10여 분 정도였을까 싶다. 갑자기 머릿속에서 무언가가 '슉' 하고 빠져나가는 느낌과 함께 수면 마취에서 깨어날 때와 비슷한 몽롱함이 느껴지며 잦아들었다. 짧다면 짧을 시간에 다른 차원의 세계를 엿본 것 같았다. 자유로이 상공을 유영하던 내 영혼이 땅 위를 달리고 있는 몸 안으로 다시 돌아온 듯한 기분이었다.

나는 꿈에서 깨어나는 것처럼, 현실의 세계로 서서히 돌아왔다.

그때 깨달았다.

내가 달리기를 통해 무엇인가를 넘어서고 있구나.

내가 경험한 순간이 러너스 하이였는지 여전히 확답할 수 없다. 그러나 나는 그때 달리기가 단순한 신체 운동을 넘어서는 무언가가 될 수 있음을 강렬히 체험했다. 그것은 마음과 몸을 일치시켜 완전히 새로운 경지로 나를 이끌었다. 매일 하는 달리기에 미지의 영역이 존재하다니. 달리기를 통해 내 삶에 깊은 영향을 미칠 수 있는 강력한 경험이 무궁무진함을 그때 깨달았다.

이후로도 나는 1년에 한 번쯤 비슷한 현상을 겪는다. 특히 장거리 달리기를 할 때, 정신이 집중되고 몸이 어떤 경계를 넘어설 때, 그것은 마치 오래된 친구처럼 별 예고 없이 종종 찾아왔다. 그리고 이제 나는 그 순간을 충분히 즐길 수 있는 수준이 되었다.

옛 친구와 소주잔을 기울이듯 온전히 그 순간에 집중한다. 온몸이 만들어내는 리듬에 마음을 모으고, 그런 움직임을 통해 생겨나는 에너지를 모자람 없이 느낀다. 손끝부터 발끝까지 행복한 기분이 순환하는 것을 상상하며, 최대한 머리를 비우고 가슴으로부터 나오는 즐거움을 기꺼이 받아들인다. 그리 길지 않을 이 순간을 '최대한 즐기자'라고 스스로에게 되뇐다.

마라닉 페이스

나는 이런 순간들을 통해 성장의 새로운 정의를 하게 된다. 성장은 오직 거대해지는 것만을 의미하지 않는다. 묵묵히 나아가는 과정 자체를 즐기고, 그러다 문득 만나는 경이로운 순간에 감사해하며 행복해하는 것.

　그것이 내가 생각하는 진짜 러너스 하이다.

여행이 더 특별해지는 비법

거제에 가면 매미성이라는 관광명소가 있다. 2003년 태풍 매미로 경작지를 잃은 시민 백순삼 씨가 자연재해에 작물을 보호하고자 오랜 시간 홀로 쌓아 올린 돌벽이다. 바닷가 근처에 네모반듯한 돌을 쌓고 시멘트로 메우길 반복하여, 마치 유럽의 중세 시대 고성을 연상케 하는 모습으로 우뚝 서 있다. 설계도 한 장 없이 지어졌다곤 믿기지 않을 만큼 훌륭해 전국에서 관광객이 몰려드는 곳이다.

나 또한 익히 소문을 들었던 터라, 오랜만의 거제 여행에서 가장 기대가 큰 명소였다. 거제에 도착하자마자 매미성부터 찾기로 했다. 평일 낮 시간이었음에도 불구하고 이미 주차장 앞 도로는 여행객들의 차로 빽빽했다. 교통 통제 요원들이 수신호를 하며 삑삑 호각을 부는 통에 귀가 아픈 것을 넘어 두통까지 오는 듯했다.

어렵사리 주차를 했지만 매미성까지 들어가는 골목길은 호객 행위를 하는 상인들로 가득했다. 벌써부터 피곤했다. 그렇게 도착한 매미성은 그야말로 매미들이 덕지덕지 달라붙은 것 같은 풍경이었다. 앞사람의 뒤통수만 보며 걷느라 내가 지금 어디 와 있는지조차 까먹을 정도였다.

큰 실망을 안고 돌아온 다음날 새벽. 이대로 돌아가기엔 아쉬운 마음이 들어 다시 매미성을 찾아가기로 했다. 이번에는 러닝 복장으로 가볍게 달려서 갔다. 동그스름한 몽돌이 깔린 해변을 따라 달리자 저 멀리 보이는 매미성이 소문으로만 전해 듣던 중세의 성처럼 보였다.

이른 시각이라 성안에는 아무도 없었다.

계단을 밟고 올라갈 때마다 이 돌을 하나씩 옮겨 쌓은 이의 마음이 느껴졌다. 내가 보았던 그 어떤 돌담보다 견고하고 정교해서 감탄사가 터졌다. 한 발 한 발 오른 지 몇 분쯤 지나 망망대해에서부터 떠오르는 태양이 서서히 성을 비추기 시작했다. 시간의 흐름이 멈춘 듯한 아름다움이었다.

성 곳곳에 심긴 꽃들이 아침 햇살에 물들어 붉은 웃음을 보였다. 나도 태양을 향해 두 팔 벌려 크게 웃고 있는 그때, 이상한 표지판을 발견했다. 청테이프로 대충 둘둘 붙여 만든 나무판자 푯말에는 이렇게 적혀 있었다.

"작업 중, 말 시키지 마세요."

무슨 말인가 한참을 생각하다가 이내 무릎을 탁 쳤다. 성의 주인이 써놓은 글귀인 것이다. 여전히 돌벽 쌓는 작업을 계속하고 있는 그에게 관광객들이 '무슨 일하냐?'고 하도 말을 걸다 보니 일을 제대로 할 수가 없었던 모양이다.

마침 커다란 돌무더기 아래에서 넓은 챙 모자를 쓴 남자가 물동이를 옮기는 모습이 보였다. 누구의 힘도 빌리지 않고 혼자 쌓아 올린 성이라 하니 일반 작업자가 아닌 성의 주인임에 분명했다. 사람들이 몰려들기 전 조금이라도 일을 더 해둬야겠다는 의지가 느껴져서 잠시 동안 바라만 보았다. 그의 동작에서 거장의 면모가 비쳤다. 떠오르는 태양 빛을 받으며 하나하나 돌을 쌓아가는 그 모습에서 숭고함마저 느껴졌다. 수많은 관광객들과 함께 왔을 때는 결코 만날 수 없었던 순간이리라.

마라닉 페이스의 진맛을 알기 전, 내 여행 방식은 '빨리빨리'였다. 목적지까지 빠르게 이동해서 그곳이 주는 즐거움을 빠르게 소비하고 다음 장소를 향해 출발하는 식이었다. 그래야 같은 시간 내에 더 많은 곳들을 다니며 더 많은 것들을 볼 수 있으니까.

그래서 시간 단위로 동에 번쩍, 서에 번쩍 여행 계획을 짰고 촘촘한 계획표를 보며 뿌듯해하기도 했다. 바쁘게 살아가는 나는 여행에서도 효율을 찾았다.

그러나 여행지에서의 이동이 잦다 보면 무미건조한 도로 위를 달리는 자동차 안에 틀어박혀 있어야 할 때가 많았다. 몇 시간씩 차 안에 머무르다 보면 길 위에서의 피로감이 더 크게 다가왔다. 또한 교통 체증이나 예기치 못한 일들로 여행 일정이 뒤죽박죽되면 허무감까지 찾아온다. 여행에서 돌아와 남는 거라곤 남들과 똑같은 관광 스폿에서 찍은 사진들과 며칠 후면 방구석에 처박힐 기념품 몇 개뿐이다. 그럼에도 그게 최선의 여행법이라고 생각했다.

마라닉 페이스로 달리기를 시작하고부터는 굳이 특별한 여행지로 떠나지 않아도 일상에서 여행을 떠난 듯한 기분을 느낀다.

매일 아침, 운동화를 신고 길을 나선다. 바쁜 도시의 소음은 내 발걸음을 더욱 경쾌하게 만들어줄 배경음이 되고, 매일 같은 코스로 달려도 오늘의 풍경은 어제와 다르다. 일상에서도 이런 기쁨을 누릴 수 있는데, 하물며 특별한 곳에서의 달리기는 또 얼마나 새로울까.

그리하여 가깝든 멀든 여행을 갈 때도
가방에 운동화부터 챙긴다.
여행지에 도착하면 제일 먼저

그곳의 땅을 달리려고 한다.

한 발씩 새로운 땅을 밟으며,

새로운 도시의 거리를 달리다 보면

매 순간 흥미진진한 장면이 펼쳐지는

책장을 넘기는 듯한 기분이다.

골목과 거리, 산책로는 모두 나를 위한 마라닉 코스가 된다.

새로운 장소가 주는 활력이 내 몸 안으로 스미도록

가뿐하게 달려본다.

어느 나라든 어느 도시든 소풍 가듯 달리면서 그 지역의 본질을 깨닫게 되고 새로운 앎을 얻을 수 있었다. 아침 일찍 문을 여는 식당이 어디인지 알 수 있고, 그곳이 진짜 현지인 맛집이라는 것도 알게 된다. 그 도시의 사람들이 어떤 표정으로 출근을 하는지, 골목골목마다 어떻게 풍경이 다른지도 알 수 있다.

달리기 전에는 도심 곳곳 숨어 있는 골목을 가본 적이 없다(그럴 만한 여유가 없었던 것이다). 그러나 여행지의 골목을 달리는 경험은 '명소 순회'와 달리, 마음이 열리는 모험이다. 낯선 길에 발을 디디면 언제나 가슴이 두근거린다. 골목을 오가는 사람들과도 웃으며 인사한다.

그냥 걸어 다닐 때는 아무도 눈길을 주지 않지만 러닝복을 입고 달리면 모두가 관심을 보인다. 매일매일 일상적으로 걸어 다니는 길을 낯선 이방인이 뛰어다니는 걸 바라보는 눈에는 호기심이 서려 있다. 잠시 멈춰 그들에게 몇 가지 질문을 건넨다. 그곳에 대한 진짜 이야기를 들을 기회이면서 단순한 관광지가 아닌 누군가의 삶의 터전을 만나는 순간이다.

물론 유명한 관광지도 둘러본다. 그러나 즐기는 방법이 조금 다르다. 앞서 매미성 에피소드에서 살짝 보셨다시피, 관광객이 몰려들기 전 시간을 활용하는 것이다. 숙소에서 너무 멀지 않은 곳이라면 (체력이 쌓이니 10km 전후라면 어디든 가능해졌다) 조금 더 일찍 일어나 달려 갔다가 온다. 가족들과 함께 하는 여행이라면 가족들이 잠에서 깨기 전에 미리 답사를 다녀오는 셈이다.

사람들로 붐비지 않는 명소는 말 그대로 진짜 명소다. 오롯이 나 혼자만의 시간을 그 장엄한 공간에서 누릴 수 있는데, 거기서 일출까지 마주한다면 그보다 황홀한 경험은 없을 것이다.

달리면서 내 일상은 새로운 여행이 되고, 멀리 떠난 여행지는 한층 더 특별해진다. 달리면서 매 순간 마주하는 가슴 벅찬 순간들을 앨범에 차곡차곡 기념사진 보관하듯 적립해나가고 있다.

때로는 포기해야
하는 순간도 있다

우리는 '포기'가 곧 '실패'라고 여기는 경향이 있다. 하지만 달리기를 하면서 깨달았다. 포기한다고 바로 실패는 아님을. 때때로 포기는 더 나은 도전을 위한 지혜롭고 신중한 분기점이 되기도 했다.

5km를 계획하고 출발하든, 1시간을 달리기로 마음먹든 힘든 순간은 언제든 찾아올 수 있다. 물론 그 힘든 순간을 이겨내려는 마음가짐이 내 성장에 일정 부분 도움된다는 사실을 잊지는 않아야 한다. 힘들어도 달리려는 이유를 다시금 상기하고, 활력을 주는 음악을 듣는다거나 "할 수 있다!"와 같은 구호에 맞춰 발걸음을 옮기다 보면 어려운 고비가 넘어가 있기도 하니까.

하지만 언제나 그래야만 할 필요는 없다. 우리는 각자의 속도로 각자의 방식으로 나아가며, 그렇게 나아가는 과정은 각기 나름의 의미를 지닌다. 모두가 똑같은 길을 똑같은 방식으로 달려야 할 이유는 없다.

나는 달리는 도중 힘이 들면, 때때로 달리기를 멈추고 걷는다. 어느 때는 멈춰 서서 유유하게 주변을 둘러본다. 지금까지 얼마나 왔는지, 앞으로 얼마나 더 갈 수 있는지도 생각한다. 갈증이 좀 난다면 가까운 편의점에 들러 음료를 마신다.

어떤 날은 목표한 것보다 빨리 달리기를 마무리하기도 한다. 출발점에서 너무 멀리 왔다면 따릉이를 타고 귀가하거나 걷기 모드로 전환해서 돌아오기도 한다. 내가 달리기를 포기한다고 비난할 사람은 아무도 없다.

물론 아쉬움은 남을 수 있다. 하지만 그날 계획한 대로 무조건 해내야 한다는 생각은 때때로 위험하다. 내 몸의 컨디션은 그때그때 다르다. 평소보다 좋은 날이 있듯 평소보다 안 좋은 날도 분명 있다. 그러니 '아, 오늘은 내 몸이 달리기에 좋은 상태는 아니구나…' 하며 돌아오면 그만이다. 달리기는 결국 나 자신을 위한 활동이기 때문에, 내 몸과 마음이 보내는 신호를 경청하는 것이 중요하다.

'대체 왜 그랬을까?', '왜 나는 끝까지 달리지 못했나?' 이런 자책들로 자신을 괴롭히기보다는, 변수에 대해선 융통성 있게 판단하고 수용하여 내일을 위해 에너지를 아껴두는 편이 훨씬 현명하다.

유연한 태도로 결정한 판단이 모여
자신만의 달리기 리듬을 찾고,
장기적으로는 더욱 건강하고 행복한 달리기 생활을
유지하는 데에 도움이 될 것이다.

무엇보다 이런 과정 자체의 중요성을 잊지 않아야 한다. 나를 위해 이렇게 세상 밖으로 나와 달리고 있다는 사실의 의미를 말이다. 이는 우리가 일상에서 잊기 쉬운 '현재에 집중하는 힘'을 길러준다. 달리기가 단순히 목표를 향해서만 나아가는 행위가 아니라, 지금 이 순간 몸과 마음을 조율해가며 삶의 질을 향상시키는 의식임을 일깨워준다.

한편으로는 반드시 포기할 수밖에 없는 순간도 있다.

2022년 가을, JTBC마라톤에서 3시간 10분을 목표로 달린 적이 있다. 내 꿈의 무대인 보스턴마라톤에 참가하기 위해 뜨거운 여름 태양 속에서 정말 열심히 훈련했다. 보스턴마라톤에 출전하려면 인증된 대회의 풀코스 공식 기록이 필요하기 때문이다. 자격 요건이 되는 기록은 연령대, 성별에 따라 다르다.

그때까지 내 기록은 3시간 29분 11초로, 목표 기록을 달성하기 위해서는 약 20분 이상을 줄여야 했기에 대한민국 여자 마라톤 최고 기록을 21년간 지킨 권은주 감독님께 체계적인 훈련을 받기도 했다.

이 과정은 유튜브 채널에 빠짐없이 공개되었고, 수많은 구독자들의 관심과 응원을 받았다. 하지만 대회 당일 컨디션은 '최악'이었다. 전날 과하게 마신 이온음료가 문제였다.

이온음료에는 전해질이 많이 들어 있어서 대회 때 전해질이 손실될 것을 미연에 방지하고자 전날 충분히 마셔두는 러너들이 있고, 실제로 도움을 받는다고들 한다. 다만 당이 많이 함유되어 있어서 나는 평소 즐겨 마시지 않았었다. 그렇지만 이번에는 달랐다. 잘하고 싶은 욕심이 컸기에 평소 먹지 않던 이온음료를 2리터 가까이 마셨던 것이다.

대회 당일 새벽부터 극심한 갈증에 시달렸다. 나중에 안 사실이지만, 과당으로 인한 탈수증세였을 거라고 주변 의사 친구가 이야기해주었다.

물을 아무리 마셔도 갈증이 해소되지 않았고, 몸에서 기운이 다 빠져나간 느낌이 들었다. 약 20km를 달리는 동안 급수대마다 들러서 몇 컵씩 물을 마시느라 페이스는 들쑥날쑥거렸다.

힘든 레이스를 이어가던 중 22km 지점에서 발목에 날카로운 통증까지 생겼다. 보통의 경우는 참고 달리다 보면 통증이 사라지기도 하는데, 2~3km를 더 달리면서 심해졌다.

눈물이 났다. 그동안 훈련을 도와준 권은주 감독님과 끊임없이 응원해준 구독자들이 떠올랐다. 지나치는 러너들이 속도가 확연히 떨어진 나를 알아보곤 '파이팅'을 외치기도 했다. 고맙고 미안한 마음이 뒤섞이며 주체할 수 없는 감정이 들었다.

결국 레이스를 중단하기로 결정했다. 이대로 더 달리다 보면 통증이 잦아들 수도 있고, 가까스로 완주할 가능성도 제로는 아니었지만, 그 반대의 경우도 충분히 일어날 수 있었다. 무리하게 통증을 안고 달리다 보면 아주 큰 부상으로 치달을 수 있는 확률도 무시 못 했다.

그 순간, 무엇이 더 중요한지 깊이 생각했다. 간신히 레이스를 마치고 보스턴행 티켓을 얻는다 해도 부상 때문에 당분간 달릴 수 없게 된다면 행복할 것 같지 않았다. 만에 하나 다음 도전도 할 수 없게 될지도 모를 일이었다. 그렇게 나는 지하철을 탔다.

그 결정을 내리기까지 내게 얼마나 큰 용기가 필요했었는지. 주변 사람들의 격려와 기대를 뒤로하고, 나는 나 자신에게 솔직해질 용기를 내기로 했다.

포기한 후엔 한동안 아쉬움 속에서 보내야 했지만, 시간이 흐를수록 왠지 모를 속박에서 벗어나는 듯했고, 점차 다시 해볼 수 있겠다는 자신감이 붙었다. 포기라는 결정은 외부의 시선보다 나 자신에게 더 집중할 수 있는 계기가 되었다. 포기함으로써 나는 오히려 조금 더 성장한 것만 같았다.

4개월 후, 나는 결국 해냈다. 비록 목표했던 3시간 10분에는 못 미쳤지만, 3시간 14분의 기록으로 보스턴마라톤에 참가할 수 있는 자격을 만들었다. 결승점에 들어와서는 곁에서 함께 달려준 막시를 붙들고 펑펑 울었다. 말로는 다 표현하기 힘들 정도로 행복했다.

대회가 끝나자마자 보스턴마라톤 참가 신청을 했다.

혹시나 함께 보스턴마라톤에 참가하고 싶은 분들이 있는지 싶어 〈마라닉 TV〉에 모집 영상을 올렸다. 짧은 시간 동안 50여 명이 넘는 분들이 신청해주셔서 놀라웠다. 나의 보스턴 도전기를 응원하고 또 함께 도전하고 싶어 하는 분들이 그만큼이나 있다는 사실에 기쁘고 흥분되기 시작했다.

우리는 그렇게 2024년 4월, 보스턴마라톤에서 함께 달리기로 약속했다.

좋은 사람들이
내게로 모여들게 하려면

휴대전화 속 연락처 개수가 성공의 척도를 나타낸다고 믿던 때가 있다. 휴대전화에 저장된 연락처 개수가 2,000여 개에 달했을 만큼 사람들과의 관계에 부단히 신경 쓰며 살아왔다. 얼마 전에는 더 이상 필요 없는 번호들을 지우고 지우다 포기했을 정도다.

대체 나는 왜 그렇게 많은 관계들에 집착했을까? 어쩌면 어린 시절 아버지에게 끊임없이 들었던 말 때문일지도 모른다.

"사람은 친구가 많아야 해. 그래야 살면서 큰 힘이 되거든."

아버지의 그 말씀이 머릿속에 박혔던 것은, 그 시절의 나는 사람들과의 관계 안에서 안정감을 찾고자 했기 때문인 것 같다.

내가 속한 학교, 직장 등과 같은 집단에서 얻는 인정을 통해 사회적인 안정감을 느끼고 싶었다. 또 친구나 지인들과의 깊은 유대감과 지지로써 내 존재의 유의미성을 확인하고 싶었다. 《오즈의 마법사》 속 도로시가 노란 벽돌 길을 따라 여행하며 만난 친구들이 그녀의 여정을 완성시켜주었듯, 내 인생길에서 만난 사람들이 내 목표를 향한 여정에 조력자가 되어줄 거라고 믿었다. 그 믿음을 바탕으로 끊임없이 관계를 만들고 유지해가면서 심리적 안정을 찾으려고 했던 것이다. 하지만 그 믿음은 시간이 지나면 지날수록 모래성처럼 허물어졌다.

언젠가 고요한 산책로를 따라 달리고 있을 때였다. 다가올 하프 마라톤을 준비하던 나는 그날 첫 15km에 도전 중이었다. 문득 극심한 외로움이 밀려왔다. 오래된 친구와의 애매한 이별 같은 쓸쓸함이었다.

누구나 한 번쯤 이런 경험을 해본 적 있을 것이다. 눈빛만 봐도 서로의 마음을 알 수 있던 사이였지만 각자의 생활에 익숙해진 나머지 더 이상 만나지 않아도 서로의 빈자리가 그다지 그립지 않게 된 이별. '헤어지자' 직접 고하지 않고 꽤 오랜 시간이 지난 후에야 '우리 헤어졌구나' 싶은 이별. 마치 그런 이별을 겪고 난 후에 드는 씁쓸한 외로움이었다.

그 긴 거리를 달리는 동안, 누구의 도움도 받지 않았고 받을 수도 없었다. 오롯이 내 두 발로 몸의 균형을 유지하면서 내가 정한 목표를 향해 필요한 건 지금 내딛는 한 걸음 한 걸음이라는 걸 깨달았다. 또 그렇게 내딛기 위해 필요한 건 내 안의 힘뿐이라는 것도.

쓸쓸한 감정은 스르르 녹아 사라졌다. 오랜 시간 나를 지탱해주었다고 믿었던, 그러나 이제는 맞지 않는 옷처럼 느껴지는 수많은 관계들과의 이별이 자연스럽게 받아들여지는 순간이었다.

'아, 내가 그동안 너무 많은 옷을 걸치려고 했구나. 이제는 좀 덜어내는 게 좋겠다.'

오래 다닌 직장을 떠나 새로운 직업으로 전환할 땐 두려움이 따랐다. 낯선 세계에 발 딛는 두려움보다 더 컸던 건, 그간 쌓아온 관계가 모두 끊길 것 같다는 두려움이었다. 여태껏 힘들게 쌓아왔던 탑의 중간쯤에서 고민이 컸다. 돌을 날라줄 사람과도, 시멘트를 발라 단단하게 고정해줄 사람과도 단절된 것 같아 막막했다. 공들여온 내 탑은 어쩐단 말인가.

큰 회사에서 나와서 작은 사무실을 내던 그 순간, 그 많던 관계들의 거대한 축이 무너지는 경험을 했다. 필요에 의해 나를 찾던 이들의 연락이 끊겼고, 내가 필요해서 찾았던 이들에게는 더 이상 연

마라닉 페이스

락하지 않았다. 그때 깨달았다. 그 많던 관계들은 오직 서로의 필요에 의해서 만들어졌다는 것을. 진정한 유대감이나 깊이 있는 교감보다는 일시적인 필요와 각자의 목적에 의해 간간이 유지되어왔다는 것을. 그러면 이제 돌을 나르고 시멘트 작업을 도와줄 새로운 사람을 찾아야 하는 걸까?

아니다. 나는 다른 방법을 택했다.

더 이상 수단으로서의 관계에 시간을 쓰지 않기로 했다. 관계가 최고의 투자라고 여기며 살아왔던 그 오랜 시간을 돌이켜보면 참을 수 없을 만큼 아깝다. 물론 그 과정에서 최고의 인연들을 만나기도 했기에 전부를 부정하지는 않는다. 하지만 수치로 따지자면 9 대 1 정도의 비율이리라. 차라리 그 1의 소중한 관계를 위해 9의 시간을 썼다면 어땠을까 하는 후회가 든다. 다행히 지금은 후회 대신 다음과 같이 시간을 쓰고 있다.

내 모든 시간의 9할은 나의 성장에만 쓴다.
누구도 나를 대신해 탑을 완성시켜줄 순 없기에.

직접 나서서 단단한 돌을 선별하고, 어떻게 하면 돌을 효율적으로 나를 수 있을지 고민하고, 시멘트 개는 법을 배우고 차근차근 돌을 쌓는다. 그렇게 묵묵히 하다 보면 물도 날라주고 새참도 나눠

주는 사람들이 나타난다. 눈물 나게 고마운 사람들이다. 그렇다고 그 사람들이 나 대신 돌을 쌓아주길 기대하지 않는다. 내가 돌탑을 쌓는 일에 일조를 해주었다는 사실에 충분히 감사를 표할 뿐이다.

그렇게 나만의 탑이 쌓여갈수록 좋은 사람들이 더 많이 찾아와주었다. 실제로 뭔가 하지 않더라도 찬사와 응원으로 힘을 보태주는 사람도 많아진다. 중요한 건 그들이 뭔가를 원하기 때문에 돕는 게 아니라는 사실이다. 종종 그런 의도가 보이는 경우가 있긴 하지만, 그런 부류는 이내 지쳐 떠나간다. 내가 그들에게 큰 의지도, 기대도 하지 않기 때문이다. 반대로 서로를 응원하고 부축하고 격려하는 사이가 오랜 시간을 거치면 진짜 관계가 된다.

그저 서로에게 원하는 것이 있다면
함께 건강하게 오래 달리는 것.
서로의 안부를 빌고 행복을 기원하는 것.
또 각자의 자리에서 최선을 다해
자기만의 탑을 쌓는 것.
그러다 약간의 여유가 있을 때
돌 나르기를 거들어주기도 하는 것.

이렇게 해야 진짜 좋은 사람들을 차곡차곡 쌓아갈 수 있다. 애써 좋은 사람을 찾으려 하기보다 자기 할 일에 충실하며 스스로 좋은 사람이 되려고 노력하니까 자연히 좋은 사람들이 모여들었다.

나는 이제야 아버지 말씀의 진짜 의미를 알 것 같다. '친구가 많아야 한다'는 말은 단순히 친구의 숫자가 많음을 의미하는 것이 아니었다. 깊고 의미 있는 관계를 바탕으로 서로를 지지하고 같이 성장하는 친구가 많아야 한다는 뜻이었을 것이다.

내가 쌓아 올린 돌탑은 혼자만의 노력이 아니라, 그 과정에서 만난 사람들과의 교류와 소통, 상호 지지를 통해 이루어낸 결과물이기도 했다. 이제 나는 관계에 있어 진정으로 중요한 것이 무엇인지를 조금은 알게 되었다. 어쩌면 좋은 사람들이 내게로 모여들게 하는 비결 같은 건 없다. 나 스스로 떳떳한 사람이 되면 되면 저설로 이루어지는 일이니까.

인생의 스승은 지척에 있다

가끔은 아예 목적지를 정하지 않고 달리기를 시작할 때도 있다. 집 근처 천변을 따라 내키는 방향으로, 멈추고 싶을 때까지 달려갔다가 대중교통을 이용해 돌아오는 식이다.

이렇게 정처 없이 달림으로써 달리는 행위의 순수한 즐거움을 새삼스레 발견한다. 목적지나 도착점이 정해져 있지 않기 때문에 어느 경로로 얼마나 달릴지는 오롯이 내 기분과 체력에 달려 있다.

이때 달리기는 운동이 아니라, 탐험이다. 언제 멈춰도 실망스럽지 않으니 자유롭다. 자연의 아름다움을 더 깊이 들여다보고, 계절의 변화를 피부로 느끼며, 때로는 예상치 못한 새로운 장소를 발견하는 기쁨을 누린다. 천변의 경치, 아침의 신선한 공기, 해 질 녘의 황홀한 일몰까지. 이 모든 것들이 달리는 즐거움을 배가시킨다.

어느 쌀쌀한 가을 아침, 나는 목적지 없이 달리기를 시작했다. 러닝 배낭에 갈아입을 티셔츠와 물을 넣고 집 앞 중랑천을 따라 달려 나갔다. 애초에는 한강 쪽을 향해 달려 가볼까 싶었지만, 경춘선 숲으로 이어진 철길을 만나면서 방향을 급선회했다.

녹슨 철도가 놓인 숲속의 이슬 맺힌 길을 따라 발걸음을 옮겼다. 내가 어디로 가려고 하는지, 왜 이 길을 선택했는지조차 모른 채 천천히 숲길을 달렸다.

아마도 그즈음 읽던 《달리기와 존재하기》라는 책의 여운이 가시지 않기 때문이리라. 저자인 조지 쉬언George Sheehan은 마라톤을 단순한 신체 운동이 아닌, 자아를 탐구하고 내면의 평화를 찾는 여정으로 묘사했다.

당시 복잡한 생각들로 가득 찼던 나는 마음의 스승을 만난 기분이었다. 그는 내게 잡생각은 그만하고 숲을 향해 달려보라고 말하고 있었다. 진짜 중요한 것은 "생각이 아니라 질문"이라며.

고요하고 평화로운 숲길을 달리는 동안 '좋은 삶'을 위한 가치가 무엇인지 자문했다. 그날 내가 얼마나 명쾌한 답을 찾아냈었는지는 기억나지 않는다. 하지만 그런 시간, 즉 나 자신을 마주하는 시간이 얼마나 필요했던가를 깨닫게 되었던 순간이었음은 생생히 남아 있다. 이 경험은 체력과 함께 '책력冊力'이 나를 진짜 성장으로 이끄는 큰 힘이라는 것을 일깨워주었다.

인생의 멘토를 만나는 일은 삶의 경로 설정에 엄청난 영향을 미치는 경험이다. 오프라 윈프리Oprah Winfrey는 멘토에 대해 이렇게 말한다. "멘토는 당신이 생각지도 못한 당신 자신의 모습을 보게 해줍니다." 멘토는 지식이나 기술만을 전달하는 사람이 아니라, 우리의 잠재력을 발견하고 이를 실현할 수 있도록 격려하는 존재다.

하지만 인생의 멘토를 만난다는 건 쉬운 일이 아니다. 누군가에게 "당신에게는 인생 멘토가 있나요?"라고 묻는다면 열에 아홉은 "글쎄요…"라고 답하지 않을까?

나 또한 인생 멘토를 만나고 싶다고 끊임없이 갈망했었다. 내가 방황하고 헤맬 때 명쾌한 해답을 주는, 마치 해리포터 시리즈의 덤블도어 교수 같은 누군가가 나타나길 기대했다. 하지만 당신의 예상대로 그런 일은 일어나지 않았다.

그런데 어느 순간, 책을 통해 얼마든지 멘토를 만날 수 있겠다는 깨달음이 들었다. 넬슨 만델라의 자서전《자유를 향한 머나먼 길》을 통해 인내와 용서의 힘을 배웠듯. 스티브 잡스의 전기《스티브 잡스》를 읽으며 혁신과 창의성, 그리고 열정이 어떻게 세상을 변화시킬 수 있는지 숙고하게 되었듯. 영화로 더 익숙한 책《죽은 시인의 사회》속 교사 키팅을 보고 사랑, 용기, 그리고 선택의 중요성에 대한 진리를 새로이 깨달았듯 말이다.

물론 전에도 꾸준히 책을 읽긴 했었지만, 단편적인 지식이나 즐거움을 얻기 위한 수단 정도로만 여겼다. 하지만 책력을 알게 된 후부터 새로운 책을 접할 때마다 또 한 분의 스승님께 기꺼이 배운다는 마음으로 성실히 읽었다. 그들은 삶에서 정말 중요한 것들이 무엇인지 이야기해주었고, 때로는 생각할 거리를 던지기도 했다.

아무것도 정하지 않고 달리는 날엔, 방금 읽다가 나온 책 속 어느 구절을, 며칠째 나를 사로잡고 있는 그 말들을 곱씹어보았다. 어려운 결정 앞에 섰을 때나 방향을 잃었을 때 책 속 스승들은 길잡이가 되어주었다. 인생의 스승은 멀리서 찾을 필요가 없었다.

달리기로 얻은 체력은 마음의 힘을 지탱하는 기반이 되었고, 책력, 즉 책 속 멘토들에게 얻은 지혜는 내 육체적 활동을 더 가치 있게 만들어주었다. 목적지 없이 달리는 자유로움 속에서 진짜 중요한 질문들을 던지도록 도움을 준 책들, 그 답을 찾아가는 과정에서 균형감 있는 몸과 마음을 다지게 한 달리기. 이 둘은 내 성장의 큰 동력을 만들어주고 있다. 지금까지도.

이럴 땐 어떻게 달릴까?

모처럼 큰마음 먹고 내일은 꼭 달려야지 하고 일찌감치 잠든다. 알람과 함께 눈을 떠 주섬주섬 옷을 챙겨 입는다. 현관문을 나서자 왠지 모르게 공기가 축축하다. 불길한 예감이 오늘만은 틀리길 바라며 밖으로 나간다. 비가 내린다. 김이 팍 새어버리는 순간이다. 결국 침대로 돌아와 이불을 덮는다.

이뿐일까? 꼭 내가 달리기로 마음먹은 날 미세먼지가 더 기승을 부리는 것 같다. 겨울 추위는 또 어떤가? 이렇게 우리의 의지를 꺾는 요소들은 차고 넘친다. 나 역시 날씨 앞에서 수도 없이 꺾였다. 하지만 10여 년 넘게 달려보니, 궂은 날엔 그 나름으로 달리는 맛이 있었고, 열악한 상황 속에서도 달리기를 이어갈 방법은 반드시 있었다.

비 오는 날

한여름 태풍급의 폭우가 아닌 이상 이제 웬만한 비는 그냥 맞고 달린다. 오히려 요즘엔 비 오는 날 뛰는 게 '별미'라 느껴지기에 이르렀다.

우중런은 세상과 내가 조금 더 친밀해지는 방법이다. 빗방울이 피부를 촉촉하게 적시면 모든 감각이 더욱 생생해진다. 물씬 풍겨 오는 풀 내음, 흙 내음을 코를 벌름거리며 맡기도 하고, 평소에는 소음에 묻혀 잘 들리지 않던 소리도 선명하게 듣는다. 길 위의 작은 물웅덩이들이 발밑에서 튀기며 내는 소리는 그 어떤 음악보다도 아름답게 느껴진다. 그 선율에 맞춰 발걸음을 내딛다 보면 자연스럽게 나만의 페이스를 찾게 되는데, 나 자신과 진실된 대화를 나누기에 적절한 순간이다.

특히 더운 여름의 우중런은 차가운 수박보다 더 다디단 시간을 선사한다. 아무도 없는 주로를 달리고 난 만족감과 기쁨은 맑은 날의 그것과는 또 다른 깊이를 주기도 한다.

비 오는 날 달리기는 약간의 주의를 요한다. 아무래도 길의 표면이 미끄럽기 때문에 보통 때보다 천천히 달려야 한다. 나만 해도 차도와 보도블록의 경계석을 잘못 밟아 넘어질 뻔한 적이 많다. 또 체온 유지도 신경 써야 한다. 달리는 도중에는 체온이 올라가기 때문에 크게 문제가 되지 않지만, 달리기를 마치면 최대한 빨리 귀가하는 게 좋다.

추운 날

겨울이면 날씨가 추워져 원래 운동하던 사람도 운동을 쉬는 경우가 많다. 하지만 다른 운동은 몰라도, 오랫동안 달리기를 이어가는 러너들의 경우엔 겨울 달리기를 선호하는 편이다. 뛰다 보면 더워지므로 추위는 어느 정도 껴입고 뛰면 해결이 되지만, 더울 땐 벗는 데 한계가 있기 때문이다.

또한 추운 날 달리면 심폐력과 심혈관 기능을 개선하기에 더 효과적이다. 추위라는 스트레스를 견디면서 면역력도 높아진다고 한다. 대체로 운동선수들이 동계 훈련을 다녀온 뒤 봄 시즌에 좋은 실력을 보여주듯 마라토너들도 동계 훈련 후 이듬해 봄에 열리는 마라톤 대회에서 좋은 성과를 내고 있다.

이런 점들에도 불구하고 추위가 싫다면, 실내 트레드밀을 이용하면 된다. 트레드밀 달리기가 야외 달리기만큼의 효과가 있는지 궁금해하는 사람들이 많은데, 나는 결론적으로 '큰 차이 없다'고 본다. 일정 부분 동력의 도움을 받긴 해도 달리기의 효과 측면에서는 야외 달리기와 대동소이하다는 게 전문가들의 증언이기도 하다.

미세먼지가 심한 날

앞선 두 경우와 달리, 미세먼지가 심한 날은 예외적으로 야외에서 달리지 않는다. 친구들과 달리기 약속을 한 날에도 미세먼지가 심하면 친구들에게 양해를 구하고 나가지 않는다. 반면 대부분의 달리기 친구들은 무시하고 달리는 편이다. '미세먼지가 심한 날 달려도 되는가?'라는 주제는 달리기 클럽 내 러너들 사이에서도 의견 대립이 첨예하다. 예정대로 모임을 진행하자는 쪽과 취소하자는 쪽의 의견이 반반씩 갈린다.

그렇기에 자기만의 기준을 정하는 것이 필요하다. 나는 미세먼지 앱을 사용해 미세먼지가 '보통'으로 분류되면 가급적 마스크를 쓰고라도 나가는 쪽을 택한다. 하지만 '매우 나쁨'이나 '최악'으로 분

류될 경우, 또 초미세먼지가 일정 이상 수준일 경우 야외 운동을 자제한다.

아무리 운동이 건강에 좋다지만 코와 목, 그리고 피부를 통해서 침투되는 미세먼지가 우리의 폐와 혈관 등에 좋은 작용을 할 리 없다. 심지어 호흡을 가쁘게 몰아쉬어야 하는 달리기의 경우 더 많은 양의 먼지를 흡입할 수밖에 없다. 이러면 과연 운동으로 얻는 건강 증진의 효과가 미세먼지로 인한 대미지보다 크다고 할 수 있을까? 그래서 나는 미세먼지가 심한 날은 주로 실내에서 트레드밀을 이용한다.

밖에서 달리기가 도저히 어려운 날

업무상 외국에 출장 나갈 일이 많다. 특히 해외에서의 조깅은 매력적이라 가능하면 놓치지 않지만, 일정상 새벽이나 밤밖에 시간이 허락되지 않을 때는 호텔 피트니스 센터의 트레드밀을 이용한다. 이렇게 언제 어디서든 의지만 있으면 달릴 수 있다는 점이 트레드밀의 최대 장점이다.

비가 억수로 내리든 추위가 오든 미세먼지가 심하든 해외 출장 중이든 내가 원하면 언제든 달릴 수 있다. 내 경우, 동네 저렴한 헬스장에 정기권을 끊어두기도 하고, 아니면 일일 사용권을 구매하기도 한다. 동네 사우나에 있는 헬스장도 유용하게 이용하고 있다.

내가 미세먼지와 추위를 이기고 달리기를 지속할 수 있었던 이유는 가타부타 따지지 않고 일단 한 발 디뎌보곤 내게 맞는 방법을 찾아나갔기 때문이다.

　뛸까 말까 망설여질 때 일단은 해보자. 그 모든 염려가 생각보다 별것 아니란 걸 알게 될 거다. 그리고 나서, 당신의 몸과 마음이 어떻게 변화하는지 지켜보자. 분명 전과는 달라진 자신을 만나게 될 것이다.

당신에게 보내는 한 줄

인생은 서두르는 것 말고도 더 많은 것이 있다.

-마하트마 간디 Mahatma Gandhi

Chapter 4

달리면 비로소 이루는 것들

더 이상 통증이 두렵지 않다

약골까진 아니었어도 체력이 강한 편은 아니었다. 달리기를 막 시작할 무렵에는 달리고 오면 어딘가 꼭 아팠다. 발목, 정강이, 무릎. 종아리… 어디 한 군데 성한 곳이 없어서 '유리 몸'이란 말이 나를 두고 한 게 아닐까 싶을 정도였다. 조금 과하게 달렸다 싶으면 어김없이 며칠간 절뚝이며 걸어야 했다.

내 몸은 혹시 달리기에 적합하지 않은 걸까? 혹 제대로 달리는 방법을 몰라서 부상이 반복되는 걸까? 이런 의심들이 끊이질 않았다. 어쩌면 나는 달리기를 하면 안 되는 사람일지도 모른다는 불안감이 마음 한편에 자리 잡았다. 체형, 발의 구조, 심지어 내가 달리는 방식까지, 모든 것이 달리기에 필요한 최소한의 조건에도 못 미치는 게 아닐까?

이런 고민은 나만 겪는 과정이 아니었다. 그동안 다양한 배경과 수준의 러너들을 만났다. 많은 이들이 달리기를 시작할 때 겪는 부상과 고민, 불안에 대해 털어놓았다. 구독자들 중에도 달리기 초심자인 경우 대부분의 질문이 부상에 관련한 것들이다. 이제는 확실히 안다. 우리 몸은 통증과 회복을 반복하며 성장한다는 걸.

내 경우, 부상으로 인해 일주일 이상 달리기를 하지 못했던 마지막 시기가 2019년이었다. 그러니까, 달리기를 시작하고 약 6년 정도 지났을 때였다. 바꿔 말하면, 무려 5년 동안이나 부상의 늪에서 좌절하고 실망하고 다시 회복하고… 하는 과정을 반복했다는 이야기다.

당시에는 정말 답답했다. 하지만 지금 돌이켜보면 부상의 빈도나 강도들이 점점 줄어들고 있었다. 달리기 첫해에 통증이 100이었다면 2년 차쯤엔 80 정도로 줄었고, 3~4년 차에는 50 정도로 줄었다. 그리고 2019년 말부터 2024년 현재까지 매일 달리기를 이어가고 있으니 약 5년 동안은 부상 때문에 달리지 못한 날이 없었다고 볼 수 있다.

몇 차례 위기는 있었다. 2019년 가을, 춘천마라톤에서 극심한 무릎 통증이 찾아왔다. 따지고 보면 예상된 결과였다. 그간의 경험만 믿고 준비도 없이 덜컥 대회를 신청해버린 오만함에서 비롯된 통증이었으니까.

죽을 만큼 고통스러웠던 42.195km를 가까스로 완주하고 나서 많이 반성했다. 다행히 부상으로 이어지지는 않았고, 이 일을 계기로 앞으로는 언제든 준비되어 있는 몸을 만들겠다며 매일 달리기에 도전하기로 결심했다.

두 번째 위기는 2022년 가을, JTBC마라톤이었다. 앞서 밝혔듯 이때는 내 인생 최고의 기록을 내기 위해 고강도 훈련을 이어가던 시기였다. 부상 징후를 느꼈을 때 무리하지 않고 대회를 중단했다. 그 결정 덕분에 대회 다음 날도 별 탈 없이 매일 달리기를 이어갈 수 있었다.

이런 과정을 여러 번 겪으며 달리기 부상에 대한 이해가 조금 더 깊어졌다. 물론 모든 러너들이 나와 같을 수는 없다. 하지만 일반적인 러너들의 경우, 나와 비슷한 과정을 거치는 모습을 보았다. 내 경험, 주변 러너들의 경험을 바탕으로 달리기 부상과 통증에 대해서 다음의 두 가지 관점을 견지하게 되었다.

첫째, 성장은 필연적으로 통증을 수반한다. 근육이 강화되는 과정을 단순히 정리하면 이렇다. 근육에 평소보다 좀 더 강한 자극을 주면 근육은 미세한 손상을 입는데, 이 손상이 차차 회복되면서 전보다 한층 강하고 튼튼해진다. '노 페인, 노 게인no pain, no gain'이란 말이 들어맞는 이런 과정을 이해하고 나면 운동 후 밀려오는 근육의 통증이 기분 좋게 느껴질 것이다(물론 참을 수 없이 아프다면 그건 또 다른 문제다).

이는 인생의 모든 도전에서도 마찬가지다.
도전은 우리를 불편하게 만들고
때로는 정신적, 육체적 통증을 유발하지만,
이러한 통증을 견디고 극복하는 과정을 통해
우리는 더욱 강해진다.

둘째, 부상은 자신에 대해 좀 더 잘 알게 되는 기회다. 통증이 찾아왔을 때 적절하게 대처하기 위해서는 자기 자신에 대한 이해가 선행되어야 한다. 달린 후 통증이 느껴질 때, 그것이 성장을 위한 통증인지 아니면 부상으로 이어지는 통증인지를 잘 구분해야 하는데, 초반에는 이 구분이 잘 되지 않는다는 데에서 문제가 발생한다.

나 역시 이걸 구분하지 못하던 시절이 있었다. 통증이 찾아오면 러너로서 당연히 거쳐야 하는 난관으로 여겨 무시하고 달렸다. 실제로 근육통이 온 다음 날 달리고 돌아오면 통증이 일정 부분 완화되기도 한다. 이런 과정을 몇 차례 겪다 보니 통증이 생기면 일부

　　　　　　　　　　　　　　　　　　　　　　　마라닉 페이스

러 더 달리기도 했다(마치 주당들이 아침부터 해장술을 마시는 것처럼).

하지만 언젠가부터 통증이 고통으로 바뀔 때가 있었고, 그 강도가 점점 심해지면서 걷는 것조차 불편해지는 상황으로 넘어가는 경우도 많아졌다. 그러므로 아직 초보 러너라면 통증이 찾아왔을 때 무조건 충분한 휴식을 통해 근육이 완전히 회복될 때까지 기다려주는 편이 좋다.

비슷한 경험을 반복하면서 내 몸을 더욱 잘 이해하게 되었다. 어떤 통증이 성장 과정의 일부이고, 어떤 통증이 부상의 경고인지 구분하는 능력이 생겼달까. 이것은 말로 설명하기는 어렵다.

자기 몸은 자기만이 정확히 안다.
또 한두 번이 아닌 지속적인 경험을 통해
비로소 제대로 알게 된다.
따라서 치명적인 부상으로 이어지지
않는 선에서의 부상은 공부가 된다고 말하고 싶다.

성공적인 인생을 산 선배들이 늘 강조하는 것이 있다. 우리는 실패를 겪으면서 깊이 있는 성장을 경험한다는 것. 이 과정에서 자신의 한계를 깨닫고, 새로운 잠재력을 발견하게 된다. 다름 아닌 자신을 '알아가는' 과정이다. 자신의 강점과 약점, 선호하는 것과 기피하는 것을 정확히 구분할 때 보다 발전적인 방향으로 나아갈 수 있다. 이러한 자기 인식은 우리가 삶의 여러 중요한 대목에서 더 나은 결정을 내릴 수 있게 도와준다.

실패와 마주했을 때 그것을 극복하기 위한 우리의 노력은 새로운 길을 탐색하게 하고, 이전에는 생각지 못했던 능력을 발휘하게 만든다. 이로써 우리는 더 시야가 넓어지고, 삶의 다양한 상황에 대처하는 힘이 생긴다. 결국 실패를 통해 우리는 더 성장하고, 성장은 우리를 더 단단하게 만든다.

11년이라는 시간이 흘렀다. 나는 더 이상 통증이 두렵지 않다.

달리면 비로소 보이는 것들

나는 감정 기복이 꽤나 심한 사람이었다. 성격까지 급하다 보니 상황이 정체되었을 때 빨리 해결되지 않으면 좀처럼 차분해지기 힘들었다. 한 주에도 몇 번씩 커다란 감정의 파도가 몰아치고, 하루에도 몇 번씩 기분이 업 앤 다운을 반복했다. 내 옆에서 오랜 시간을 묵묵히 함께해준 아내가 고마울 따름이다.

꾸준히 달리고부터는 감정 기복이 확실히 많이 줄었다. 모든 상황에서 돌부처 같은 수는 없어도 대체로는 태풍이 불어 거센 파도가 지나간 고요한 해변에 잔잔한 파도가 드나드는 정도의 느낌으로 지내고 있다. 특히 매일 달리기를 시작한 뒤로는 (거의 4년 넘게) 화를 크게 내본 기억이 없다. 물론 달리기만이 이유는 아니었을 테지만 분명 많은 도움이 되었다고 생각한다.

달리는 동안 나를 내려다보는 법을

알게 되었기 때문이다.

회사 퇴직금의 일부로 괌으로 가족 여행을 갔을 때의 일이다. 착륙을 위해 고도를 낮춘 비행기가 지면에 가까워지는 동안 괌의 해변가를 달리는 사람이 시야에 들어왔다(러너의 눈에는 러너만 보인다).

다소 먼 거리였다. 하지만 그 사람이 어떤 표정으로 달리고 있는지 보이는 것만 같았다.

늦은 오후, 한풀 꺾인 더위 속에서 모래사장의 따뜻하고 폭신한 촉감을 느끼며 행복한 표정으로 달리고 있겠지. 나도 잠시 후면 저 곳을 달릴 수 있겠구나.

이렇게 높은 곳에서 누군가가 달리는 모습을 내려다볼 수 있다는 건 참 신선한 경험이었다. '버드 아이 뷰Bird's Eye View'라는 용어가 머릿속을 스쳤다. 말 그대로 하늘을 나는 새의 시각으로 조망하는 시점.

생각이 여기까지 이르자, 해변을 달리는 남자에 대해 다시 생각하게 되었다.

어쩌면 저 사람은 뭔가 고민이 있어서 그걸 떨쳐내려고 저렇게 뛰고 있는지 모르겠구나. 내가 멀리 떨어져서 바라보기에 여유롭고 차분하게 보이는 걸 수도 있겠구나.

다음 날 새벽.

동이 터오는 해변을 달렸다. 야자수가 늘어선 해안가에 붉은 태양빛이 비치고 에메랄드빛 바다가 반짝거린다. 치열했던 현실에서 벗어나 꿈의 세계로 접어드는 듯했다. 이런 곳에서 평생 달리기를 하며 살고 싶다는 생각이 일었다.

그 순간, 기분 좋은 설렘과 차분했던 마음은 사라지고, 거대한 폭풍우가 밀려오며 심장이 두근대기 시작한다. 이런 곳은커녕 내가 붙박고 있는 서울에서라도 잘 살아갈 수 있을까? 두 아이의 가장으로서 내 역할을 해낼 수 있을까? 더 이상 받아줄 곳 없는 나이에 물러설 곳 없는 내가 앞으로 나아갈 수 있을까?

걱정이 꼬리에 꼬리를 물기 시작하자 아름다운 풍경은 눈앞에서 사라졌고 그저 푹푹 빠지는 모랫길만이 버겁게 느껴졌다.

저 멀리 비행기 한 대가 착륙하려고 고도를 낮추는 모습이 눈에 들어온다. 그제야 어제 그 남자가 달리던 해변을 내가 달리고 있다는 사실을 깨닫는다. 누군가는 저 비행기 안에서 나를 내려다보며 부러워하고 있겠지? 내 심정은 알지도 못한 채 말이야. 똑같은 상황을 어느 관점에서 보는가에 따라 이렇게 달라지는구나….

문득 한 단어가 떠올랐다. 버드 아이 뷰.

마치 새가 된 듯 허공으로 날아올라

달리는 나를 내려다보면 어떨까?

맑은 냇물에 발을 담그면 깨끗했던 물이 한순간 흙탕물이 된
다. 흙탕물을 깨끗하게 해보겠다고 아무리 휘적여본들 점점 더 흐
려질 뿐이다. 물을 다시금 맑게 하는 가장 빠른 방법은 잠시 가만히
서 있는 것이다. 물의 흐름에 따라 저절로 씻겨 내려가도록. 다시
잠잠해지도록.

내 마음도 그렇게 바라봐주면 어떨까?

마음속 흙탕물이 일었다 흘러갔다 반복하는 것을

그저 바라봐주면.

내 영혼이 몸 안에서 빠져나와 허공으로 올라간다고 상상하
며, 그렇게 내 뒤쪽 10m 정도의 상공으로 내 영혼을 띄워 올린다.

모래사장을 달려 나가는 내가 보인다. 내 감정은 보이지 않는
다. 단지 황홀한 풍경 속 해변을 달리는 내가 보일 뿐이다. 반려견
과 함께 산책을 나온 사람도 보이고, 나처럼 조깅을 하고 있는 사람
도 보인다. 열심히 공원을 쓸고 있는 환경 미화원도 보이고, 오픈
을 앞둔 카페의 테이블을 닦는 점원도 보인다. 그저 각자의 일상을
보내는 모습들이다.

거기엔 어떠한 감정도 느껴지지 않는다. 그저 살아갈 뿐이다.

그날 이후, 마음에 파도가 밀려오면 운동화 끈을 묶는다.
그런 상황 속에서도 그저 또 한 번 앞으로 달려 나가는
나를 차분히 바라본다.

새의 눈으로.

인생은 마라톤이라는 말

모두가 똑같은 길을, 비슷한 복장을 하고서 하나의 결승점을 향해서 달려 나간다. 주변 풍경을 둘러볼 겨를도 없이 앞만 보고 달려야 한다. 정해진 코스를 벗어나면 실격이다. 그 길고 지루한 42.195km라는 거리를, 다 무너져 내리는 얼굴로 꾸역꾸역 나아간다. 심지어 순위권 안에 들지 못하는 사람들은 카메라에 잡히지도 않는다.

그럼에도 '끈기와 노력이 있어야 성공을 이룰 수 있다'는 논리로 마라톤이 인생과 같다고 말하는 거라면… '나는 그깟 마라톤 안 하련다'라고 생각해왔다. 그저 남들이 괜찮다는 직장 나와서 퇴직 연금으로 낚시나 다니며 "라떼는 말이야"를 입에 달고 사는 꼰대들이나 하는 말 정도로 들렸다.

마라톤? 그게 뭐라고 자꾸 인생에 갖다 붙여?

'인생은 마라톤'이라고?

철원의 9월.

나는 샛노랗게 익은 벼가 끝없이 펼쳐진 길 위를 달리고 있었다. 단지 건강을 위해 달리기 시작한 내가, 달리더라도 마라톤에 나갈 생각은 추호도 없었던 내가 불과 6개월여 만에 철원하프마라톤 코스 위를 달리고 있었다.

아직 끝나지 않은 늦여름의 태양은 뜨거웠다. 아스팔트는 끓어올랐고 저 멀리 아지랑이가 피어오르는 게 보였다. 15km 지점을 지나자 땀이 말라붙어 온몸이 허옇게 소금으로 뒤덮였다. 머릿속이 벼만큼이나 노랗게 익어가는 듯했다.

하나둘씩 걷는 사람들이 많아졌다. 그토록 아름답게 보이던 황금 평야가 더 이상 눈에 들어오지 않았다. 도무지 끝이 보이지 않는 기나긴 직선 도로가 마치 내 막막한 앞길 같았다. 다리는 어느새 감각을 잃었고 나는 기계적으로 나아가고 있을 뿐이었다.

기계적. 언제부터인가 기계적으로 살아가고 있다는 생각이 들었다. 온 신경의 감각을 잃은 채 꾸역꾸역.

이제 진짜 그만 달리고 싶다는 생각이 밀려왔다. 하지만 문제는 남은 6km였다. 여기서 레이스를 멈춘다고 한들 남은 거리가 줄지 않는다. 내 남은 삶을 누가 대신 살아주지 않듯 어차피 내가 채워야 할 거리였다. 그렇다면 계속 가는 수밖에 없었다. 어차피 갈 길이라면 달려서 가자. 그게 조금이라도 이 고통을 빨리 끝내는 법 아니겠나?

마음을 그렇게 먹고 나자 머릿속이 맑아졌다. 1km도 못 달리고 주저앉았던 내가 지금 15km를 넘게 달리고 있지 않나. 무려 15배의 체력이 만들어졌잖아.

발끝에 미세하게나마 감각이 돌았다. 좀 더 집중을 하고 앞발에 힘을 실어본다. 피가 발끝으로 모이는 느낌이 들었다. 조금 더 세게 지면을 긁고 나가보자는 느낌으로 발을 구르기 시작한다. 팔의 움직임에도 집중을 하자 좀 더 자연스럽게 움직였다.

팔의 유연한 동작은 다시 다리의 리듬을 만들어준다. 팔과 다리가 하나가 되어 움직이니 몸이 훨씬 가벼워진다(이 과정은 달리기에서 꽤나 중요하다. 나는 지금도 마라톤을 뛸 때 너무 힘들다 느껴지면 이 과정을 통해 다시 힘을 얻곤 한다). 풀렸던 다리가 점차 힘을 되찾는다. 그저 신기했다.

방금 전까지 보이지 않던 풍경이 다시 시야에 들어온다. 저 멀리서 바람결에 황금물결이 일렁였다. 아름다웠다. 내가 살아있다는 게 느껴졌다. 뜨거운 눈물이 흘렀다. 눈물이 바람에 실려 날아

마라닉 페이스

간다. 속도가 붙자 다른 러너들을 하나둘 제치고 앞서 나가기 시작한다.

그 순간 나도 모르게 한 사람 한 사람을 유심히 보았다. 얼핏 보면 모두가 같은 모습으로 달리고 있는 것 같았지만 자세히 볼수록 뒷모습, 표정, 자세 모든 게 제각각이었다.

그렇지. 모두가 같을 수는 없지. 간혹 등 뒤에 자신의 바람을 써 붙이고 달리는 사람들도 많았다. 누군가는 아내의 건강 회복을 기원하며, 누군가는 자신의 새로운 도전을 꿈꾸며, 또 누군가는 자녀의 수능시험을 응원하는 마음으로 달리고 있었다. 모두가 같은 결승점을 향해 달려가고 있는 것처럼 보이지만, 달리는 이유는 다 달랐다.

인생이 마라톤에 비유되는 이유를 비로소 조금 알 것 같았다.
누군가가 정해놓은 길처럼 보일 수 있지만,
모두가 같은 이유로 달리는 것은 아니었다.

또 반드시 순위권에 들기 위해 달리는 것도 아니었고, 완주만을 목표로 하는 것도 아니었다.

저마다의 방식으로 저마다의 속도에 맞게

그저 나아가는 것일 뿐이었다.

달리다 보면 어느 순간 다 포기하고 집에 돌아가고 싶은 때가 있다. 생각대로 움직여지지 않고 한 발 한 발이 너무 고통스럽고 버겁게 느껴진다. 그러면 잠시 멈추면 그만이다. 누가 마라톤은 걸으면 안 된다고 했던가?

잠시 걷다가 힘이 생기면 다시 달리면 된다. 그렇게 하나의 결승점을 통과하고 또 하나의 결승점을 향해 나아간다. 하지만 그런 힘이 저절로 생겨나는 건 아니다. 하루 또 하루, 1km 또 1km를 꾸준히 쌓아온 힘이 있기에 더디지만 나아갈 수가 있다.

그렇게 나는 마라톤에서 인생을 배워가고 있다.

'인생은 마라톤'이라는 말에 누가 반문했던가?

진정한 자신감이란

카메라를 향해 더듬더듬 말을 뱉어낸다. 커다란 렌즈 하나가 수만 개의 눈처럼 느껴진다. 렌즈를 똑바로 바라볼 수 없다. 머릿속이 하얘지고 할 말을 잃는다. 스크립트를 거듭 확인하고 몇 번의 NG 끝에 간신히 몇 문장을 말한다.

편집을 한다. 촬영할 때는 몰랐는데 모니터 속 내 눈동자가 갈피를 못 잡고 마구 흔들린다. 손은 어찌할 바를 모르고 깍지를 꼈다 풀었다 반복한다.

〈마라닉 TV〉 구독자 수 500명 달성을 기념해 감사 인사 콘텐츠를 촬영하던 날의 떨림이 지금도 생생하다. 이 영상은 아직도 내 유튜브에 남아 있는데, 어색한 모습을 많이 편집했어도 도저히 다시 볼 수 없다. 부끄럽고 민망해 당장이라도 지우고 싶지만, 먼 훗날 돌려보면 이 또한 좋은 추억이 될 것 같아 그대로 두었다(제발 보러 가지는 마시길).

그로부터 4년이 지났다. 이제는 카메라 앞에서 제법 여유가 생겼고, 카메라 렌즈가 더 이상 부담스럽게 느껴지지 않는다. 시선 처리도, 말의 강약도, 손동작도 대체로 자연스럽다. 700개에 가까운 영상을 찍고 편집했으니 그럴 만도 하다.

종종 구독자들이 내 MBTI 유형을 묻는다. 나는 전형적인 INFP로, 사실대로 대답하면 다들 놀란 눈을 하곤 되묻는다. '네? 올레 님이 E가 아니라고요?' 영상 속 내 모습은 충분히 외향적인 사람으로 보였을 테지만, 실은 극도로 내향적인 사람이다.

초등학교 3학년 무렵. 관광버스에서 아버지 친구분이 노래 한 곡 해보라며 건네준 마이크를 들고 얼떨떨한 채로 서 있었다. 10분 남짓 될까 말까 한 그 시간이 1시간 같았다. 결국 분위기가 싸해지고 머쓱해진 어른들이 옆 사람과 숙덕이기 시작할 때쯤 조용히 자리에 앉았다.

잠깐 들른 고속도로 휴게소에서 어른 한 분이 "남자는 아까 같을 때 자신 있게 노래도 하고 말도 할 줄 알아야 해"라고 한마디 했다. 집에 돌아와서도 그 말이 귓가에 맴돌아 며칠이나 풀이 죽어 있던 기억이 난다.

남은 초등학교 시절 내내 학급 회장을 도맡았다. 어린 나이임에도 이대로라면 나는 어디서도 쓸모없는 인간이 될 지도 모른다는 불안감이 컸던 것 같다. 처음에는 선생님의 권유로 회장을 맡았는데, 반 아이들 앞에서 할 말을 적은 노트를 보며 더듬더듬 학급 회의를 진행했다. 이렇게라도 남들 앞에서 말하는 연습을 해야 한다고 생각했다.

대학에서도 과대나 학생회장을 자주 맡았다. 그때도 여러 사람 앞에 설 때는 가슴이 콩닥거리고 입술이 말랐다. 아내는 같은 과 후배였는데, 당시 학생회장이던 내가 학우들 앞에 나가 자신 있게 말하는 모습에 끌렸었다고 훗날 털어놓았다. 천만다행으로 떠는 모습은 아내에겐 들키지 않았나보다. 이후로도 굳이 밝히진 않았지만, '자신 있는 척' 부단히 노력했던 시절이었다.

피나게 노력했어도 타고난 기질은 잘 바뀌지 않는다는 걸 점차 깨달았다. 수많은 동료들 앞에서 신규 프로그램 기획안을 발표하는 자리에서도 머릿속이 백지가 되는 바람에 애써 준비한 것들을 제대로 말하지 못하고 기회를 날려버린 적이 많았다. 심지어 발표 전날만 되면 무슨 사고든 일어나서 발표가 취소되면 좋겠다는 마음이 일기도 했다.

그럼에도 발표를 피하거나 앞에 나서길 주저하지는 않았다. 늘 그렇듯 겁이 났고 항상 도망치고 싶은 생각은 들었지만, 그래도 일단 부딪치고 보았다. 그래도 이런 노력들이 헛되지는 않았던 게, 시간이 지날수록 그 불안과 긴장의 강도가 조금씩 낮아졌기 때문이다.

달리기도 마찬가지다. 달리기 초반에는 힘든 고비를 피하고 싶은 마음이 수도 없이 밀려왔다. 첫 대회를 앞둔 날은 내가 신청해놓고도 내일이 오지 않길 바랄 정도로 두려움을 느끼기도 했다. 하지만 피하지 않고 부딪쳐가는 과정을 통해 어떤 결과를 만나는지 경험했다. 부딪쳐가다 보면 더디더라도 성장한다. 그리고 성장은 자신감을 만들어준다.

자신감은 단순히 내면의 감정이나 자기 확신의 문제가 아니다. 자신감은 내가 지닌 정보와 지식에서 비롯된다. 여기서 정보와 지식은 도전의 경험을 통해 쌓인다. 죽이 되든 밥이 되든 어떤 일을 일단 해보고 되풀이하면 노하우가 생긴다.

카메라 앞에 얼굴을 내밀고 렌즈와 시선을 맞추는 일을 거듭하면서 나는 무의식적으로든 의식적으로든 수많은 정보와 지식을 축적해왔을 것이다. 시선 처리, 손의 동작, 말하는 태도 등을 개선하려는 노력을 반복하고 작게나마 성취감을 맛보면서 점차 자연스러워졌다. 이제는 확실히 자신감이 붙었다고 할 수 있다.

결국 자신감이란
단순히 '할 수 있다'는 느낌을 넘어서,
'어떻게 해야 한다'는 구체적인 방법과
지식을 내재화하는 과정이다.

처음 마라톤 출발선 앞에 섰을 때의 두려움은 그와 같은 상황과 관련한 정보와 지식이 내게 부족했기 때문에 발생한 것이었다. 달리기 대회에 출전하는 상황이든, 여러 사람 앞에서 내 의사를 밝혀야 하는 상황이든 어느 정도 경험이 쌓인 지금은 대부분의 상황에서도 자연스럽게 대처할 수 있다.

직접 부딪쳐 얻은 경험. 바로 이것이 진정한 자신감의 원천이라고 본다.

나는 이제 새로운 프로젝트나 도전을 앞두고, 과거의 나처럼 겁먹지 않는다. 또 많은 사람들 앞에서 말하는 것도 예전처럼 긴장되지 않는다. 오히려 내가 어떻게 해야 좀 더 즐거울지, 어떤 준비를 해야 그 시간이 보다 풍성해질지에 대해서만 집중한다.

물론 두려움이 컸던 과거의 나가 있었기에 타인에 대한 이해와 공감의 폭이 넓어진 것도 사실이다. 주력이 높지 않은 러너 중

과거의 나처럼 걱정이 많거나 두려움이 많은 분들이 적지 않음을 알고, 내 경험을 공유함으로써 그들에게 도움을 줄 수 있다는 점이 큰 만족감을 준다. 더 많은 분들이 〈마라닉 TV〉를 통해 달리기의 즐거움과 정보를 얻는 데에서 그치지 말고, 잠재되어 있던 자신감을 끄집어낼 수 있길 기대하는 이유다.

두 발로 제주도 한 바퀴

뭐? 제주도를 뛰어서 돈다고? 단단히 미쳤네….

제주도 해안선을 따라 한 바퀴, 약 300km를 매일 50여 km씩 일주일 동안 달려보겠다는 계획을 들은 주위의 반응은 차가웠다. 그러다 보니 내가 계획한 일이지만 괜히 '무리하는 거 아닐까?' 반신반의했다. 하지만 시간이 지날수록 걱정보다는 설렘이 앞섰다. 할까 말까 고민이 될 때는 일단 하자는 게 내 신조다. 달리기 여행의 즐거움에 빠지다 보니 급기야 여기까지 오게 된 것이다.

제주도 일주는 자연을 좋아하는 사람이라면 누구나 한 번쯤 꿈꿔볼 만한 버킷 리스트다. 내 주위에도 자전거나 오토바이로 제주도 일주를 했던 지인들이 꽤 있었다. 그들의 이야기를 들을 때마다 나는 두 발로 달려 돌고 싶다는 생각을 해왔었다. 하지만 선뜻 용기를 내기가 쉽진 않았다.

풀코스 마라톤을 뛰고 온 다음 날엔 제대로 걷기도 쉽지 않은데, 그만큼의 거리를 매일 달린다는 게 도무지 감이 잡히지 않았다. 그나마 위안이 됐던 건 마라닉 페이스였다. 마라톤 훈련을 할 때처럼 페이스를 정해두고 긴 거리를 일정한 속도로 달리는 게 아니라, 가다가 힘들면 걷기도 하고 때로는 쉬었다 가면 된다고 생각하니 해볼 만도 하겠다 싶었다.

달려서 제주도 한 바퀴를 돌 이유가 한 가지 또 있었다. 유튜브 채널에 신선한 콘텐츠로 활력을 불어넣어줄 필요가 있겠다고 판단했다. '30일 매일 달리기 도전' 콘텐츠가 인기를 끌어 구독자 수 500명에서 5,000여 명까지 (나름) 급성장을 했지만, 문제는 수입이었다.

유튜브를 시작한 지 1년이 다 되어가던 시점인데도 여전히 통장에 찍히는 금액은 월 50만 원이 채 안 되었다. 퇴직금도 말라가고 있었으니 4인 가족이 버티기에는 한계에 다다른 상황이었다.

이렇게 도전하는 모습이 영상화되면 또 하나의 대박 콘텐츠가 탄생하지 않을까 하는 기대감도 있었다. 하지만 무엇보다 내 의지

를 한 번 더 가다듬고 싶었다. 결코 쉽지 않을 여정이겠지만 육체적
으로나 정신적으로나 내가 또 한 번 나아가는 계기가 되지 않을까.
물론 제주도 한 바퀴를 달린다고 해서 상황이 크게 바뀌진 않을 것
이다. 그러나 스스로 뭐든 끊임없이 도전하려는 마음을 지속하고
싶었다. 그렇게 하지 않는다면 어느 순간 무너져 내릴지도 모른다
는 불안감 때문일지도 모르겠다. 그렇게 나의 무모한(?) 도전은 시
작되었다.

제주에서의 첫날

2020년 봄. 상공에서 내려다본 제주도는 유채꽃으로 노랗게 물들
어 있었다. 제주 공항 입구를 나오면서 러닝 워치의 출발 버튼을 눌
렀다. 수없이 제주도를 다녀갔지만 제주 공항을 두 발로 빠져나오
는 경험은 처음이라 기분이 묘했다. 곧 길게 늘어선 야자수를 옆에
두고 나란히 달리기 시작하니 걱정 따윈 간데없이 사라지고 기대
와 설렘만이 가득했다.

　나는 제주도를 시계 방향으로 돌기로 일정을 짰다. 초반에 제
주의 아름다움을 최대한 즐기고 싶었다. 개인적으로 제주공항에서
성산 일출봉까지의 북부 해안로 바다 풍경이 가장 예쁘다고 생각하
는데, 일주 후반에 이 길을 달린다면 힘들어서 제대로 풍경을 즐기
지 못할 것 같았다(결과적으로 옳은 판단이었다고 생각한다).

예상대로 봄의 제주 북부 해안로는 무척 아름다웠다. 사라봉을 가득 메운 벚꽃을 보며 해안 절벽길을 따라 달리는 동안 감탄사가 절로 나왔다. 함덕 해수욕장을 지날 때는 에메랄드빛 바닷물에 뛰어들고 싶은 유혹을 간신히 참았다. 당시 코로나19 팬데믹이 막 시작될 무렵이어서 혹시 고열이 나면 바로 격리 조치가 내려질 수 있었기 때문에 조심해야 했다.

유채꽃과 청보리가 펼쳐진 해안 도로를 지났다. 등 뒤로 따사롭게 내리쬐는 햇살을 받으며 쉼과도 같은 시간을 누렸다. 봄바람이 산들산들 불어와 땀을 식혀주고, 간간이 들리는 파도 소리는 마음을 여유롭게 만들었다.

이렇게 긴 거리를 달리다 보면 뭐든 맛없을 수 없겠지만, 해변을 달리다 만난 작은 식당에서 먹은 문어 해물 라면은 죽기 직전 떠오를 최고의 음식 중 하나가 될 것 같았다. 알이 꽉 찬 게 한 마리가 통째로 들어가 시원한 국물 맛이 일품이었고, 통통한 문어 다리는 달리는 여행객의 든든한 연료가 되어주었다.

첫날의 달리기를 마치고 먹은 음식은 제주 흑돼지 삼겹살이었다. 가만 생각해보니 고깃집에서 혼자 고기를 먹은 건 생전 처음이었다. 첫날 약 40km를 달린 나는 다른 손님들의 눈치를 볼 겨를도 없이 허겁지겁 3인분을 먹어 치웠다.

제주 2일차

거기까지였다. 제주 일주의 즐거움을 만끽한 것은. 여행비를 아낀다고 4인실 게스트 하우스를 숙소로 선택한 것부터가 문제였다. 좁은 방 한 칸에 이층 침대 두 개를 가득 채운 남자들의 코골이 소리는 밤새 나를 괴롭혔다. 밤늦게까지 술을 마시다 들어온 청년들은 세상모르고 코를 골았다.

새벽 4시, 결국 나는 짐을 챙길 수밖에 없었다.

근육통이 온 데다가 휴식을 제대로 취하지 못해서 두 다리가 뻐근했다. 어제는 느끼지 못했던 배낭의 묵직한 무게가 어깨를 타고 고스란히 전달되었다. 일주일 치의 옷가지와 비상식량, 물까진 겨우 버틸 만해도 촬영 장비의 무게가 상당했다. 10kg이 넘는 배낭을 메고 아직 어둠이 깔린 새벽길을 달렸다. 시간은 한없이 느리게 흘러갔다.

낯선 길을 달릴 때 가장 위험한 존재는 개들이다. 제주에도 떠돌이 개들이 많다는 걸 그때 처음 알았다. 가로등조차 없는 긴 해안로, 저만치 덩치가 큰 개 두 마리가 눈을 번쩍이는 게 어둠 속에서도 느껴질 정도였다. 개들은 오래된 버스 정류장 안에서 고개를 내밀고 있었다. 그 앞을 지나는 순간만큼은 저들이 개가 아니라 지나가는 먹잇감을 노리기 위해 잠복해 있는, 잔뜩 굶주린 늑대같았다.

다리가 후들거리고 오줌을 지릴 것만 같았다. 개들은 날카로운 이빨을 최대한 많이 보여주려는 듯 씰룩대며 으르렁거린다. 그들의 신경을 자극하지 않으려고 최대한 천천히 걸었다. 다행히 따라오지는 않았지만 그 뒤로 10분 정도는 계속 뒤를 돌아보았다.

동이 틀 무렵, 이미 지칠대로 지쳐 있었다. 새벽 공기는 차도 해가 뜨면 날이 좀 풀리리라 기대했는데, 웬걸. 오히려 바람이 불기 시작했다(이날 시작된 바람은 남은 5일 내내 불었다. 그것도 맞바람으로).

부푼 기대감으로 시작된 여정이 불과 이틀 만에 냉혹한 현실로 다가왔다. 바람을 정면으로 맞서며 나아가는 한 발 한 발이 끝없는 터널 속을 걷는 것과 같아서 '더 늦기 전에 이쯤에서 접을까?' 고민이 들었다. 그런데 이상하게도 복잡한 마음과는 다르게 발이 먼저 나아가고 있었다. 앞으로 나아가지 않으면 얻을 수 없는 것들이 있다는 걸 몸이 먼저 느껴 알았나 싶다.

초반엔 마냥 신선했던 언덕과 들판, 그 위에 떠 있는 햇살이 달리다 보면 슬슬 무료하게 느껴진다. 그럼에도 이따금씩 탄성을 지르게 하는 제주의 절경은 피로를 잠시나마 잊게 했다. 특히 성산 일출봉에서 광치기 해변, 섭지코지로 이어지는 해안선을 달리면서는 없던 힘이 솟아났다.

섭지코지를 빠져나오니 다시 길고 긴 해안로가 시작되었다.

자동차로 한 바퀴 돌았을 때는 제주에 이런 밋밋한 구간이 있는 줄도 몰랐다. 지루했다. 그때 저 멀리서 운동복을 입은 두 사람이 손을 흔들며 다가오는 게 보였다. 처음엔 지나가는 여행객이려니 생각했는데 '올레!' 하고 부르는 소리가 들려왔다. 마라닉 친구들이었다. 나를 응원하겠다고 서울에서 제주까지 깜짝 방문한 것이다. 어쩐지… 자꾸 내 실시간 위치를 묻더라니. 나는 그저 내가 어디쯤 지나가고 있는지 궁금해서 물어보는 거라 생각했건만.

생각지 못한 친구들의 등장은 고된 여행 중반에 큰 힘이 되어주었다. 그때부터 함께 30km 정도를 달렸다. 신기하게 하나도 힘들지 않았다(물론 카메라를 대신 들어줬던 게 컸다). 우연히 들른 바다목장의 초원에서 친구들과 까먹은 과일과 해안 산책로 작은 찻집의 아이스 아메리카노 맛도 잊을 수가 없다.

일주의 루트 300km 중 10퍼센트는 친구들 덕분에 거저 넘겼다고 생각한다. 즐거움을 함께 나누고 무거운 짐을 나눠 들 수 있는 친구들이 있다는 건 인생의 무한한 보물을 지닌 것과 다름없으리라. 또 이만하면 내가 잘 살아가고 있다는 증거가 아닐까 괜스레 으쓱해지기도 했다.

제주 3일 차

친구들과 헤어진 다음 날. 중문 단지를 지나 모슬포로 이어지는 남부 해안로를 달렸다. 그때 처음 알았다. 제주는 북부와 남부의 바다 색깔이 다르다는 걸. 또 남부의 해안은 대부분이 절벽으로 이뤄졌다는 사실도 두 발로 달리면서 알게 되었다.

송악산에서는 하늘과 바다를 동시에 물들이는 노을을 만났다. 혼자 고된 길을 달리고 있는 나를 어루만져주려는 자연의 마음 같았다. 잠시 후면 어둠이 깔릴 시간이라 어서 숙소를 찾아야 했지만 선물 같은 그 시간만큼은 서두르고 싶지 않았다.

벤치에 홀로 앉아 시간이 멈춘 듯 차분하고 평온해져가는 풍경을 바라보았다. 세상의 모든 아름다움과 모든 아픔들이 공존하고 있는 듯한 모습에 가슴이 뜨거워졌다. 이런 게 바로 내가 살아가는 세상이라는 걸 느꼈다.

제주에서의 마지막 날

제주도 달리기 여행의 마지막 여정은 모슬포에서 제주시까지 이어지는 서부 해안로였다. 시작은 돌고래와 함께했다. 무거운 몸을 이끌고 달리던 아침, 바다를 면한 길에서 돌고래 떼를 만난 것이다.

돌고래는 배를 타고 먼바다로 나가야만 볼 수 있다고 생각했는데, 해안로에서 이렇게 우연히 만날 수 있다는 사실에 흥분했다. 그것도 수십여 마리가 군무하듯 한참 동안 나를 따라왔다. 내 마지막 여정을 응원하는 것 같아 기운이 났다.

마지막 날, 발을 내디딜 때마다 발목과 무릎에서 통증이 느껴졌다. 양쪽 어깨도 심하게 욱신거렸다. 말 그대로 만신창이가 된 기분이었다. 바닷바람을 정면으로 맞으며 며칠을 달리다 보니 입술은 다 부르텄고 안구는 말라서 뻑뻑한 느낌이 들었다. 심지어 남부에서 북쪽으로 이어지는 길은 경사로가 많아서 1km가 10km 같았다.

공항행 버스들이 나를 지나칠 때마다 붙잡아 타고 싶은 생각이 굴뚝같았다. 한적한 버스 정류장에서 잠시 쉬었다 가기로 했다. 민폐인 걸 알았지만 인적이 드물어 잠깐만 드러눕자 싶었는데 눈 떠보니 1시간이 지나 있었다. 이 여정을 빨리 마치고 싶다는 생각밖에 안 들었다. 겨우 몸뚱이를 일으켜 두 다리를 재촉했다.

경사진 언덕 하나를 끙끙대며 걸어 올라가던 그때 문득 지난 날들이 빠르게 스쳐 지나갔다. 영화 속 플래시백 장면처럼 좌절하고 자책하고 이따금 울던 내 모습이 보였다.

나는 기나긴 어둠의 터널을 간신히 빠져나와 세상에 나를 내놓았다. 지나간 시간들은 비록 나를 힘들게 했지만 긴 여정의 끝에서는 결국 웃고 있을 내가 보이는 것 같았다.

그날의 내가 미래의 나에게 묻고 있었다. 웃을 만큼 행복해진 것 같냐고. 꿈꿔온 모든 것에 가까워졌냐고.

미래의 나는 대답하고 있었다.

그래, 올레야. 네가 꿈꿨던 것들을 다 이루고 있어.

더없이 행복하고 절로 웃음이 나와.

그러니 조금만 힘내!

너는 할 수 있어.

여전히 움직이기 힘들었지만, 알 수 없는 힘이 올라왔다. 다시 밀고 나가보기로 했다.

갑자기 굉음이 들려 고개를 들었다. 비행기들이 머리에 닿을 듯 낮게 날아다니고 있었다. 출발 지점이었던 제주 공항에 드디어 다 온 것이다.

잠잠하던 휴대전화가 미친 듯 울려댔다. 무슨 일인가 싶어 열어 봤더니 〈마라닉 TV〉 구독자 5,000명 돌파를 축하한다는 메시지들이었다. 거짓말처럼, 제주 일주 마지막 날 일어난 기적 같은 일이었다.

나도 모르게 함성이 나왔다. 비행기 엔진 소리가 크게 들릴 때마다 더 크게 파이팅을 외쳤다. 그렇게 나의 길고 험난했던 여정은 끝이 났다.

용두암 아래에서 해산물을 파는 아주머니께 해삼 한 접시를 샀다. 내가 좋아하는 한라산 한 병도 함께. 해삼 한 조각에 소주 한

잔. 그 어느 때보다 쌉쌀하고 달달한 맛이 났다. 길고 긴 달리기 끝에 초콜릿 한 조각을 꺼내 먹던 포레스트 검프가 떠올랐다. 정말로 인생은 초콜릿 상자와 같아서 어떤 걸 먹게 될지 아무도 모른다. 단맛이 날지 쌉싸름한 맛이 날지 먹어봐야 아는 것이다.

서울로 돌아가는 비행기 안에서 나는 그다음 맛볼 초콜릿에 대한 기대감에 빠져들고 있었다.

나에게 1,000명이 모이면
가능한 일

"성공은 복잡할 필요가 없다. 그냥 1,000명의 사람을 행복하게 만들어주는 것에서 시작하면 된다."

세계적인 잡지 《와이어드》를 창간한 케빈 켈리Kevin Kelly의 말이다. 이 말을 접하곤 머릿속이 환해졌다. 진정한 성공을 위해서는 100만 명도 10만 명도 아닌, 그저 내가 무엇을 하든 응원해주는 1,000명의 '진정한 팬'만 있으면 된다니.

이 문장은 '성공'에 대한 나만의 정의를 좀 더 명확히 정립하게 해주었다. 나는 양적 성장보다 질적 성장에 더 중점을 두기로 했다. 질적인 성장이 이뤄지면 양적 성장은 자연히 따라올 거라 확신하며 자극적인 콘텐츠로 많은 구독자를 끌어들이려 하기보다는 조회 수는 낮더라도 시청자들에게 실질적인 도움이 될 콘텐츠를 만드는 데 힘썼다.

유튜브 초기부터 거의 모든 댓글에 답변해드렸는데, 특히 많은 분들이 궁금해하는 부상에 관한 질문에는 최대한 상세하게 내 생각을 적었다(요즘에는 일일이 답변하지 못하는 경우도 있지만, 부상에 대해서만큼은 최대한 답을 드리려 노력 중이다). 그러다 보니 하나둘, 고정 팬이 느는 게 느껴졌다.

그즈음부터 답글을 달 때 댓글 작성자분의 닉네임을 먼저 언급했다. 답글 첫머리를 '○○ 님'으로 시작하는 것이다. 자연스럽게 친근한 마음이 들었고, 점점 익숙한 닉네임들이 눈에 들어왔다. 시간이 쌓일수록 구독자들과 유대감도 깊어졌다.

2021년 4월, 유튜브를 시작하고 2년 가까이 되었고 구독자가 5만 명 정도 되었을 무렵이었다. 이제는 친숙해진 이름들이 제법 많아졌다고 느꼈던 시점에서 카카오톡 오픈 채팅방을 개설했다. 불과 몇 시간 만에 당시 채팅 제한인원인 1,000명에 도달해 마감되었다. 짜릿한 전율을 느꼈다.

물론 그분들 모두가 내 '진정한 팬'이었는지는 알 수 없다. 하지만 그 순간만큼은 내가 얼마나 많은 사람들과 연결되어 있는지를 실감했다. 그분들 중 대부분은 〈마라닉 TV〉가 성장하는 과정을 오랫동안 같이 지켜봐온 사람들이었기에 더욱더 가슴이 찡했다.

은둔자처럼 혼자만의 달리기를 이어온 구독자들이 한데 모이니 채팅방은 곧 폭발할 것만 같았다. 채팅방 게시글들을 다 읽을 수도 없을 지경이 되어 우리는 결국 플랫폼을 옮겨야만 했다. 그렇게 네이버 밴드에 '마피아런'이란 이름으로 새로운 커뮤니티가 생겨났다.

처음에는 각자 달리는 모습을 온라인에서 인증하는 정도로 교류했지만, 삼삼오오 모이는 분들이 생겼고 지역별 오프라인 모임으로까지 활성화되었다. 혼자 달려오던 이들이 응집되면서 '마피아런'은 달리기에 대한 이야기를 나누는 공간을 넘어, 서로의 삶을 공유하고 응원하는 커뮤니티로 발전해갔다. 서울 한강변에서, 부산 해운대 해변에서, 제주 올레길에서 구독자들이 모여 함께 달리며 서로를 격려했다.

혼자 달렸다면 '이 정도일까?' 싶게, 같이 달리면 에너지가 솟아났다. 서로 자극이 되어 자연스럽게 동기부여도 되었다. 운동장 한 바퀴를 겨우 달렸던 누군가는 첫 하프 마라톤을 완주했고, 일주일에 한두 번 하는 조깅이 운동의 전부였던 누군가는 풀 마라톤을 목표로 삼게 되었다. 그렇게 앞서 목표에 성공하고 완주해나가는 사람들을 보며, 또 다른 이들이 새로운 목표를 세우고 성장해가는 선순환 구조가 만들어졌다.

우리끼리 달리는 활동 이외에 다른 의미 있는 활동도 함께 기획했다. 쓰레기를 주우며 달리는 '클린 러닝'을 실천하여 환경 보호에 동참했고, 지역 사회를 위한 봉사 활동에도 같이 참여했다. 시각장애인 러너들과 함께 뛰는 '함께 달리기' 봉사자들도 점차 늘어났다. '마피아(커뮤니티 멤버들의 애칭)'와 같이 하는 모든 활동이 기쁘고 자랑스럽지만, 그중 '1km의 힘' 프로젝트는 특히 더 언급하고 싶다.

1km의 힘은 매달 자신이 달린 거리에 1km당 얼마로 잡은 소정의 금액(1km당 100원부터 1,000원까지 다양하다)을 곱한 만큼을 누적해오다가 연말 또는 연중에 의미 있는 기관이나 단체에 기부하는 활동이다.

이 모든 활동은 같이 달리는 일에만 머무르지 않고, 사회적으로 긍정적인 영향력을 함께 발휘할 수 있는 방법을 모색한 결과였다.

처음에는 1,000명에 불과했던 마피아들이 현재는 13,000명이 넘는다. 이는 단순히 숫자의 증가만을 보여주는 게 아니라, 같이 달리기의 힘을 실감케 하는 증거였다.

'진정한 팬'을 모으는 여정은

성장의 또 다른 차원을 열어주었다.

그분들의 응원과 피드백은

더 나은 콘텐츠를 만들어가는 데 있어서

끊임없는 동기부여가 되었고,

때로는 내가 갈팡질팡할 때 나침반 역할을 했다.

이제는 〈마라닉 TV〉 구독자분들과 교류하기 전의 나를 떠올리기가 어렵다. 나는 이분들과 함께하며 진정으로 소통하고 연결되는 법을 배웠다. 진정한 팬을 모으는 과정에서 나 자신의 성장도 경험했다. 나의 메시지가 사람들의 삶에 긍정적인 변화를 불러일으키고, 그런 변화가 다시 내게 돌아와 나를 성장시켰다.

당신도 삶에 적용해보길 바란다.

어떻게 하면 '진정한 1,000명의 팬'을 확보할 수 있을지.

반드시 1,000명이 아니어도 괜찮다.

비록 소수일지라도 나를 지지해주고, 나를 위한 고언을 건네줄 진정한 내 편을 만들고 싶다면, 어떻게 내가 그들을 행복하게 만들어줄 수 있는지 고민하는 것부터 시작해보면 좋을 것이다.

오늘도 나는 든든한 내 편들과 달리러 나간다.

주는 사람이 결국 이긴다

어린 시절 우리 집은 늘 부족하게 살았다. 부모님과 삼 남매, 그리고 할머니까지 여섯 식구가 단칸방에서 뒤엉켜 지냈다. 중학교에 들어갈 무렵 드디어 방이 두 개인 집으로 이사했다. 소위 '달동네'라 불리던 곳이었다. 버스정류장에서 몹시 가파른 비탈길을 20분 가까이 걸어 올라가야 우리 집이 나왔다. 그래도 우리 삼 남매는 드디어 우리 방이 생겼다며 좋아했다.

아버지는 가족을 건사하려고 정말 열심히 일하셨다. 먹고 싶은 것, 입고 싶은 것 뭐 하나 풍족한 적 없었지만, 아버지의 노고를 알기에 불만을 가질 수 없었다.

그럼에도 어린 나로서는 이해하기 어려운 면이 하나 있었다.

아버지는 어딜 가든 당신보다 남을 먼저 생각해 손해를 보는 사람이었다. 가진 게 많지 않으니 크게 베풀 수도 없었겠지만, 항상 먼저 주는 쪽이었다. 돌려받지 못할 걸 알면서도, 주머니를 털어서라도. 하지만 뭐든 내주었던 사람들로부터 상처를 받는 경우가 많았다. 그때마다 아버지는 속상한 표정으로 술 한잔하시고는 말씀하셨다.

"저렇게 살면 안 된다. 나쁜 사람들이야. 그래도 나는 이렇게 내가 아파도 먼저 베푸는 편이 마음은 편하다."

그 마음이 조금은 이해되는 한편 화가 나는 건 어쩔 수 없었다. 절대로 아버지처럼은 살지 말아야겠다고 다짐했다.

자라면서 점점 혼란스러움은 커졌다. 남들의 기쁨을 바라는 아버지 모습에 영향을 받아 일찌감치 진로를 정했지만, 먼저 베풀고 매번 상처를 입는 모습은 견디기 힘들다 보니 악착같이 내 것부터 챙기며 살아야겠다고 생각했다. 내 안의 이타심과 이기심이 서로 충돌하면서 삶의 가치가 자주 흔들렸다.

그런 내게 달리기는 예상치 못한 전환점을 만들어주었다. 달리면서 친해진 친구들을 통해 내 좁은 생각이 확장되는 중요한 계기를 맞이했다.

이 친구들은 저마다 배경과 경험이 달랐으나, 한 가지 공통점을 가지고 있었다. 그들은 자신의 시간, 지식, 심지어는 제한된 자원까지 기꺼이 나누는 사람들이었다. 그들은 늘 주면서 더 행복해했다.

친구들을 옆에서 지켜보며 '먼저 주는 삶'이 개인의 행복은 물론, 주변 사람들에게 어떤 영향을 미치는지를 조금씩 이해하기 시작했다.

친구들을 보노라니 그들과 겹쳐지는 사람이 있었다. 내 아버지였다. 나는 비로소 아버지의 삶을 돌아보게 되었다. 70대가 된 아버지는 지금까지도 '먼저 나누는 삶'을 지향하고, 그 누구 부럽지 않게 풍요로운 마음으로 살고 계신다. 이제 주위에는 좋은 친구들만이 남았고, 가족들에게도 존경받는다. 어린 내 눈엔 그저 '손실'로 보였던 아버지의 베풂은, 좋은 관계 유지의 겸손한 방법이자 아버지 당신에게도 마음의 안식이었다는 걸 이해하게 되었다.

새롭게 깨닫자, 혼돈이 서서히 걷혔다. 나는 이제 '먼저 주는' 삶의 가치를 인정하고, 이를 실천하기 위해 노력하고 있다.

즉각적인 보상을 받지 못할지라도
먼저 주는 태도가 장기적인 관점에서
내 삶을 더 풍요롭고 의미 있게 하리라고 확신한다.

이에 유튜브 초기 수입이 아주 적은 상황에서도 약소하나마 기부 활동을 시작했고, 지금은 전보다 조금 더 많이 나눌 수 있음에 감사해하고 있다.

내게 '나누는 일'의 의미를 일깨워준 달리기 친구 중 하나인 홍시기 형이 지금은 〈마라닉 TV〉의 기부 총괄 역할을 해주고 있다. 나는 기부 활동 내역을 항상 공개해왔는데, 이는 홍시기 형에게 배운 지혜다. 그는 좋은 일은 더 많은 사람들에게 알리고 함께할 수 있도록 독려할 때 더 큰 가치를 지닌다고 강조했었다.

이런 태도의 연장선에서 앞서 언급하기도 한 '1km의 힘'도 진행할 수 있었다. 이 프로젝트는 현재 수백 명의 구독자들이 동참하고 있다. 나는 유튜브를 시작하고서 4년 동안 약 2천만 원의 기부를 했는데, 1km의 힘을 시작한 2023년 한 해 동안에는 구독자들의 관심과 성원만으로 3천만 원의 기부금이 마련되었다. '함께'의 힘이 이렇게 크다는 걸 절감했기에 앞으로가 더 기대된다.

《기브 앤 테이크》의 저자 애덤 그랜트Adam Grant는 '주는 사람giver'은 다른 이들의 성공을 자신의 것처럼 기뻐하며 자신이 가진 것을 아낌없이 나누는 사람들로, '받는 사람taker'에 비해 장기적으로 더 큰 성공을 거둔다는 연구 결과를 제시한다. 단순히 재산이나 명예와 같은 외적인 성공뿐만 아니라, 자기 내면의 만족과 행복에서도 그렇다.

이를 달리기에도 대입해볼 수 있다. 단거리 달리기는 순간적인 속도와 폭발적인 힘을 요구하는 경기이다. 마치 즉각적인 성과를 추구하는 사회적 행위와 유사하며, 자신의 이익을 먼저 챙기는 '받는 사람들takers'의 세계에 비유될 수 있다. 단거리 달리기에서 승리하기 위해선 속도를 최대한 내야 한다. 또 경쟁자와의 직접적인 경쟁 상황에서 앞서 나가는 것만이 목표다.

반면, 마라톤은 장거리를 달리며 인내와 지속적인 노력을 요구하는 경기이다. 《기브 앤 테이크》 속 '주는 사람'의 삶과 마찬가지로, 마라톤은 당장의 결과보다는 장기적인 목표와 꾸준한 진행을 중시한다.

마라톤에서 중요한 건 순간의 승리가 아닌,

전체 경주를 어떻게 완주하느냐에 있다.

마라토너는 자신의 체력을 관리하고,

때로는 다른 참가자들과 협력하고,

격려를 주고받으며 끝까지 달리는 인내력을 발휘한다.

이러한 과정은 장기적인 관점에서의 성공과

풍요로움을 추구하는 '주는 삶'과 맥을 같이한다.

호텔 비즈니스계의 전설적인 인물 칩 콘리Chip Conley는 이렇게 말하기도 했다. "베풂은 100m 달리기에서는 쓸모가 없지만 마라톤 경주에서는 진가를 발휘한다."

　　마라톤에 임하듯 살기로 택하면 처음에는 느리고 고된 여정처럼 보일 수 있다. 그러나 내 페이스에 맞게 묵묵히 살아가면서 삶의 경로에서 만나는 이들과 물 한 잔 나누고 서로 응원하며 우호를 다지다 보면 결국엔 더 큰 만족으로 이어지는 길로 향한다. 확실한 건 삶은 일순간 승부를 내는 단거리 달리기가 아니다.

마라톤, 왜 하세요?

"당신은 왜 마라톤을 합니까?"

누군가로부터 이런 질문을 받을 때마다 조금은 곤란해진다. 연애 시절 '오빠는 내가 왜 좋아?'라는 질문을 받았을 때만큼이나 머뭇거리게 된다.

'무너진 몸과 마음을 일으켜 보고 싶어서'라는 명확한 이유로 달리기를 시작했다. 하지만 마라톤은? 하루 30분 정도 가볍게 달리는 것만으로도 건강상의 이점을 얻기에 충분하다는 걸 경험했는데, 왜 굳이 그 말도 안 되는 거리를 달릴 생각을 했을까?

오래달리기만이 줄 수 있는 쾌감에 점점 빠져들면서부터였던 것 같다. 달리기에 입문한 지 얼마 안 되었을 때는 전날보다 조금 더 멀리 달려냈다는 기쁨에 취해 점차로 거리를 늘려갔다면, 어느 순간부터는 달리고 있는 그 순간을 통해서만 느낄 수 있는 즐거움을 좀 더 오래 유지하고 싶어서 점점 더 긴 거리를 달렸다.

긴 거리에 점점 익숙해지다 보니 어느새 21.0975km(하프 마라톤 거리)를 달릴 수 있게 되었다. 물론 첫 하프 마라톤은 피니시 라인을 밟자마자 온몸이 후들거려 서 있지도 못할 정도로 너무 힘들었다. 그래도 쓰러지지 않는다는 걸 확인했고, 자연스럽게 다음 단계인 풀코스 마라톤에 관심이 갔다.

그즈음부터 전에는 보이지 않던 것들이 눈에 들어왔다. 'Finisher'라는 글자가 박힌 완주 기념 티셔츠를 입은 러너를 보면 티셔츠를 강제로 벗겨 들고 도망치고 싶을 만큼 탐이 났고, 완주 메달을 목에 걸고 찍은 누군가의 사진을 보면 내 얼굴로 바꿔치기하고 싶은 욕심이 들끓었다. 그러다 어느 순간 깨달았던 건, 그들도 그렇게 특별한 사람들이 아니었다는 점이다.

마라톤을 완주하는 사람이라면 타고난 강철 체력의 소유자들이거나 슈퍼 멘탈을 지닌, 나와는 전혀 다른 부류의 사람들이라고 생각했었다. 하지만 실제로 완주한 사람들 중 자신이 러너로서의 재능을 타고났다고 말하는 사람은 많지 않았다. 각자의 사연을 자세히 들어보면 육체적으로 특별히 내세울 만한 것이 없는 사람들이었고, 정신적으로는 나만큼이나 위태롭던 시기를 지나온 지극히

평범한 사람들이었다.

마라톤은 '아무나 할 수 없는 일'이라는 생각의 틀이 완전히 깨졌다. 나와 다르지 않은 누군가가 나보다 앞서 해냈다는 사실에 커다란 위안과 희망을 얻었고, 근거도 탄탄한 자신감이 생겼다.

"그래! 할 수 있겠다. 나도 완주 메달과 Finisher 티셔츠를 받아보는 거야. 근사하잖아?"

서둘러 내 결심을 주변 친구들과 회사 동료들에게 알렸다. 완주에 성공한 선배들에게는 진지하게 조언을 구했다. 그러면서 또 하나 몰랐던 사실을 발견했다. 마라톤 완주는 결과가 아닌 연습이라는 과정이 중요했다. 그리고 그 과정은 내가 아주 좋아하는 방식이라는 것도 알 수 있었다. 나 같은 겁쟁이들이 좋아할 만한 방식.

해야 할지 말아야 할지 고민이 되면 일단 하자는 입장이긴 하지만, 나는 불확실한 가능성에는 기대지 않는 편이다(다들 사는 로또 한 번 사 본 적이 없을 정도다). 하지만 '충분한 가능성'이 보인다면 주저 없이 시도한다. 여기서 충분한 가능성이란 '체계화되고 안정적인 시스템'의 여부와 직결된다.

마라톤은 안정적이고 체계적인 시스템이 기반이 될 때 성공 가능성이 높아지는 운동이었다. 또 나는 이미 하프 마라톤 완주라는 50퍼센트 이상의 성공률도 확보해둔 상태였다.

그렇게 조금씩 더 먼 거리를 달리기 시작했다. 25km, 30km, 35km… 이렇게 거리를 늘려가며 달렸고, 2시간, 2시간 30분, 3시간… 이렇게 거리나 속도와 상관없이 달리는 시간을 늘려가는 훈련도 했다. 대회에서는 (나의 경우) 최소한 4시간 이상을 달릴 수 있어야 하기 때문이다. 이 또한 특별하지 않다. 마라톤 완주자들은 누구나 이런 과정을 겪고서 가능성이 확신이 되는 체험을 했을 것이다.

대개 사람들은 마라톤 시합에서 러너가 얼마나 끝까지 참고 이겨내는지에 따라 완주 여부가 결정된다고 생각한다. 틀린 생각은 아니다. 하지만 승부는 기실 러너가 출발점에 서는 그 순간 결정이 난다. 출발점에 서기 위해 어떤 과정을 거쳐 준비했는지부터가 진짜 승부이기 때문이다. 대회 당일은 그동안 해온 노력을 그저 확인하는 시간이다.

첫 풀코스 마라톤의 출발선에 섰을 때, 어렴풋이 예감했다.

4시간여 뒤면 목에 빛나는 메달을 걸게 되리라. 나는 이날을 위해 약 7개월간 땀 흘린 시간이 있었다. 그리고 예상대로 당당하게 피니시 라인을 통과했다.

실제로 달려보니 달려야만 알 수 있는 사실도 있었다. 막판 몇

km를 달리는 동안 감당해야 하는 고통은 상상했던 정도와는 비교가 안될 만큼 극심했다. 목표를 설정하고 과정을 시스템화함으로써 성공의 확률을 높여가고 끈기 있는 실행을 한 끝에 출발선에 설 수 있게 되었다 하더라도 이전의 나를 넘어서기 위해서는 고통스러운 순간과 반드시 맞닥뜨릴 수밖에 없었다.

하지만 그 시간을 이겨내고 손목의 스톱워치를 누르는 찰나, 그때만큼은 내가 살아오면서 만난 그 어떤 환희의 순간들보다 기뻤다.

그제야 이해가 되었다. 왜 주위의 러너들이 마라톤 꼭 한 번 해보라고 침을 튀겨가며 권유를 했었는지. 메달과 기념 티셔츠를 자랑하고 싶어서만은 아니었던 것이다.

내 두 발로, 내 땀방울로 한 번 승리를 이뤄내자 또 다음 도전이 슬슬 동했다. 마지막 몇 km를 지날 때마다 욕이 절로 나오고, 두 번 다시 이런 미친 짓을 하지 않겠다고 다짐하지만 고작 며칠만 지나면 다음 대회를 검색하고 있는 나를 발견했다.

나는 그렇게 서서히 마라토너가 되어갔고, 모든 마라토너들이 꿈꾸는 보스턴마라톤을 가슴에 새기기 시작했다.

꿈의 찰스강:
보스턴마라톤 도전기 ①

집 근처에 강물을 따라 이어진 산책로가 있을 것. 이사할 곳을 선택할 때 1순위 조건이었다.

강물을 끼고 달리는 일의 매력에 대해서는 몇 페이지를 더 쓸 수 있겠으나, 가장 멋진 이유를 하나 들자면 번잡한 마음을 차분하게 해준다는 데에 있다.

강물은 변함없이 같은 속도로 흘러간다. 그와 같은 태도가 마치 최선의 방식인 양 언제나 유유하기만 하다. 마음이 혼탁할 때 강물을 따라 달리면 든든하고 안정감 있는 페이스메이커를 곁에 두고 같이 달리는 기분이다. 그러다 보면 나도 조금은 더 여유 있는 사람이 되는 듯하다.

찰스강Charles River 달리기는 내가 달리기를 시작하고서 오랜 시간 마음속에 그려왔던 꿈이었다. 미국 매사추세츠주를 흐르는 찰스강은 마라토너들이라면 낯설지 않은 도시 보스턴에 걸쳐 있다. 강의 발원지인 홉킨턴Hopkinton 마을은 보스턴마라톤의 출발점이 있는 마을이기도 하다.

집 앞의 작은 천변을 달리는 동안에도 찰스강이 흐르는 보스턴 시내를 달리는 나를 상상해왔다. 하지만 보스턴마라톤은 마음만 먹는다고 해서 나갈 수 있는 게 아니었다. 보스턴까지 가는 비용과 시간이 적지 않게 들고, 무엇보다 기준 기록이 있어야 참가권을 얻을 수 있다.

마라닉을 하다가 기록을 위한 달리기로 전환해야 한다는 사실에 약간 주저되었지만, 그 또한 내가 달리기를 즐기는 방식 중 하나라고 생각했다. 추가 비용을 내면 참가권을 얻을 수 있다는 사실을 뒤늦게 알았는데, 왠지 그러고 싶지는 않았다. 험난한 협곡을 건너야 해도 내가 원하는 곳을 원하는 방식으로 다다르고 싶었다. 그렇게 1년 가까운 시간을 훈련에 매진했다. 결국 보스턴행 티켓을 손에 쥐었다.

2024년 4월, 드디어 꿈에 그리던 풍경이 눈앞에 펼쳐졌다. 푸른 하늘엔 올망졸망 구름이 뭉쳐져 있고, 진분홍빛 벚나무 꽃잎이 살

랑댄다. 수십 년은 족히 되어 보이는 건물들이 멋들어지게 서 있고, 게으른 길고양이가 따스한 햇살을 받으며 풀밭에 축 늘어져 있다.

그 중심에는 낯선 러너의 설렘 따윈 신경 쓰지 않은 채 찰스강이 고고하게 흐르고 있었다.

다음 날 있을 마라톤 배번표를 받기 위해 보스턴 중심가로 이동하는 도중, 버스 안이 술렁거렸다. 보스턴 여정을 러너인 구독자 마흔다섯 분과 함께했는데, 다들 창에 다붙어서 보스턴 도심을 가득 메운 러너들을 보며 한마디씩 감탄하는 중이었다.

'이 도시에는 러너들만 올 수 있는 건가?' 싶을 정도로, 수십 명씩 그룹을 지어 달리는 사람들의 무리가 끝도 없이 나타났다가 사라졌다. 대회에 참가하기 위해 전 세계에서 모여든 러너들로 도시전체가 들썩이고 있었다.

배번표를 제공하는 마라톤 엑스포장 인근에도 장내로 입장하려는 러너들이 줄지어 있었다. 기나긴 행렬 속에서도 마냥 웃음이 났다. 밝은 머리색의 여성 자원봉사자가 '11936'이라는 숫자가 적힌 배번표를 건네며 "Good luck!"이라고 외쳐준다. 들뜬 마음으로 그녀와 하이파이브를 하고는 속으로 '파이팅!'을 외쳤다.

호텔에 돌아와 태극기가 새겨진 싱글렛에 배번표를 달고 나니, 국가대표가 된 기분이었다. 두근거림은 잠시, 별안간 두려움이 확 끼쳐왔다.

당장 내일이면 보스턴에서 42.195km를 달려내야 한다….

그제야 보스턴에 오는 내내 나도 모르게 긴장하고 있었다는 사실을 깨달았다. 풀코스 마라톤을 벌써 스무 번쯤은 달렸기 때문에 '뭐, 까짓것' 하는 마음으로 애써 두려움을 억누르고 있었지만, 마라톤이 쉽지 않은 적은 단 한 번도 없었다. 또 어떤 돌발 상황이 발생할지도 모를 일. 게다가 최근 장거리를 달릴 때마다 왼쪽 발목이 시큰대는 느낌을 받았는데 내일도 30km 이후에 통증이 심해지면 어쩌나 우려되었다.

그토록 그리던 꿈의 무대에서 변수 탓에 완주를 못 하는 상황은 상상하기도 싫었다. 불안은 불안이라는 먹이를 먹고 점점 자라므로 나쁜 먹이는 그만 주자고 다짐하면서 침대에 누웠다.

대신에 피니시 라인에서 두 팔을 높게 치켜드는 모습을 상상했다. 완주 메달을 목에 걸고 환하게 웃는 모습도 함께. 좋은 먹이는 좋은 꿈을 꾸게 만들 거라 믿으며. 그리고 며칠 동안 뒤척였던 밤들이 무색할 만큼 깊은 잠 속으로 빠져들었다.

꿈은 머리가 꾸지만, 현실은 다리로 만든다: 보스턴마라톤 도전기 ②

눈부시도록 화창한 보스턴의 아침.

마라톤 대회가 열린 최근 5년 중 가장 쾌적한 날씨가 될 것 같다는 가이드의 안내에 다들 환호한다. 레이스의 출발 지점인 홉킨턴 마을로 향하는 버스 안에서 두근대는 심장을 달래가며 몸을 점검한다. 잠시 후면 이 길을 두 다리로 되돌아와야 한다는 생각에 이르자 가차 없이 속도를 내는 버스가 야속해진다.

전날 엑스포에서 구매한 보스턴마라톤 공식 기념 재킷을 입고 있던 나는 가슴에 새겨진 유니콘 심벌이 버스 유리창에 비치며 아른거리는 걸 물끄러미 보았다.

나는 왜 그토록 이 대회를 달려보고 싶었을까? 우리의 마라톤

역사가 깊이 있게 남겨진 대회라서?

　서윤복 선수는 광복 후 처음으로 가슴에 태극기를 달고 1947년 보스턴마라톤에서 우승을 했다. 3년 후인 1950년에는 함기용 선수가, 2001년에는 이봉주 선수가 이 대회에서 월계관을 썼다. 자랑스럽고 또 기억해야 할 역사이다. 하지만 그것만이 나를 이곳에 오게 한 이유라고 말하긴 어려웠다.

　아마도 '마라토너라면…'이란 말을 반복적으로 들어서가 아닐까.

　"마라토너라면 보스턴마라톤은 꼭 한 번 뛰어봐야지."

　이미 경험한 선배 러너들, 각종 달리기 관련 서적, 그리고 대회 출전을 자랑하는 누군가의 SNS 게시물에 이르기까지 여러 루트를 통해 보스턴마라톤을 익숙하게 접했고, 어느새 대회의 심벌인 노란색 유니콘이 내 가슴에 새겨지게 되었다.

　보스턴마라톤의 상징이 전설의 동물인 유니콘인 이유는 '달성하기 힘든 뭔가를 추구하는 정신을 응원한다'는 뜻이 담겨 있기 때문이라고 한다.

　스스로 정해두었던 한계, 그걸 뛰어넘기 위해 지속적으로 노력해온 시간. 이번에도 나는 과거의 나보다 조금 더 나은 사람이 되고 싶었던 걸까?

이유가 어떻든, 11년간 가슴에 담아두었던 뭔가가 현실이 되는 출발점에 서 있다. 이날 함께 달린 풀코스 러너가 33,000명쯤 된다고 들었는데, 내 배번표 숫자는 11936이었으니 나는 딱 중간쯤의 실력일 것이다. 중간이란 상태는 늘 안도감을 준다.

주위를 돌아보니 나와 비슷한 실력의 러너들이 다들 놀라울 만큼 차분한 모습으로 출발 신호를 기다리고 있었다. 각자의 꿈을 이루는 순간을 최대한 음미하려는 것이 아닐까 싶었다.

드디어 출발. GPS 워치의 스타트 버튼을 누르며 첫 발을 떼는 순간, 몸 전체에 미세한 전류가 빠르게 훑고 지나가는 느낌을 받았다. 그와 동시에 주로 양쪽에서 시민들의 환호가 터져 나왔다. 정신이 번쩍 들었다. 저 멀리 길이 휘어져 보이지 않는 곳까지도 응원하는 시민들로 가득 차 있었다(이때는 상상도 못했다. 이런 풍경이 끊기지 않고 마지막 피니시 라인까지 이어질 줄은). 엄청난 감동이 밀려왔다. 시민들의 눈빛에는 진심 어린 응원의 마음이 담겨 있었다.

갓 걸음을 뗀 아이들부터 휠체어를 탄 할아버지까지 가족 단위로 모여 응원하는 모습도 보였다. 집에서 직접 구워 온 쿠키, 커다란 아이스박스에서 꺼내어 건네는 튜브형 아이스크림, 박스째 쌓아두고 먹기 좋은 크기로 잘라 건네는 오렌지… 마치 뷔페에서 음식을 골라 먹듯 간식을 받아먹는 게 가능했다. 달리는 동안 뭔가를 먹는 것을 좋아하지 않지만 고사리 같은 손으로 간식거리를 내미는 꼬마들의 손길을 차마 거부하긴 힘들었다.

홉킨턴부터 길게 이어진 마을 길을 달리는 동안 이 대회는 러너와 시민이 함께 즐기는 축제라는 걸 절감했다. 시민들은 차고에 거대한 스피커를 설치해두고 신나는 음악에 맞춰 댄스응원을 하고, 유니폼에 적힌 러너들의 이름을 하나하나 불러주며 눈을 맞추고, 각양각색 피켓에 응원의 문구를 적어 열정적으로 흔들었다. 그 모습에 감탄하고 때로는 나도 호응하며 달리다 보니 10여 km가 순식간에 지나갔다.

경기 운영 방식도 압도적으로 세련되었다. 급수대가 도로의 양쪽 모두에 설치되어 있어 병목 현상이 없었고, 자원봉사자들이 직접 물컵을 건네주니 러너들이 멈춰 서지 않고 물을 마실 수 있어 무척 편리했다. 자원봉사자가 충분히 많기에 가능한 일이었다. 또한 2.5km마다 급수대가 있고, 응원을 나온 시민들까지도 나서서 물을 나눠주기 때문에 달리는 동안 수분 부족으로 인한 곤란함을 겪을 걱정은 하지 않아도 되었다.

시민들이 주로를 건널 수 있게 하는 시스템 역시 탁월했다. 가드레일로 주로의 반을 자연스럽게 좁아지게 만들고 도로의 중앙에 시민들을 안착시킨 후 다시 반대쪽을 막아 통과할 수 있게 만드는 과정이 물 흐르듯 자연스러웠다. 이 모든 것이 국내 대회의 아쉬운 상황과 오버랩 되면서 잠깐 씁쓸하기도 했다.

한적한 마을 길과 호수, 그리고 보스턴의 역사가 담긴 건물들이 만들어내는 주로의 풍경은 다채로웠다. 하지만 응원하는 시민들이 이루는 풍경이 훨씬 더 강렬했기에 그 너머의 배경이 잘 보이지 않는다는 점도 신기한 경험이었다. 마치 불필요한 배경과 소도구들은 다 빼버리고 오롯이 관객과 배우의 호흡만으로 꽉 채워진 어느 감동적인 연극 무대가 떠올랐다.

하프 지점을 통과할 무렵 남성 러너들이 하나둘씩 주로의 한쪽 편으로 모여드는 게 보였다. 그곳에는 20대 초반 정도로 보이는 여성들이 수백 미터 가까이 줄지어 서서 "Kiss me!" 열렬히 환호하고 있었다. 말로만 듣던 웰즐리 여대생들의 키스 존이었다.

보스턴마라톤의 키스 존은 인근 웰즐리 여대생들 사이에서 자신이 원하는 남성 러너와 키스를 하면 사랑이 이루어진다는 믿음 때문에 시작된 전통이라고 한다. 하지만 이제는 보스턴마라톤 하면 먼저 떠오를(남성 러너에게게만 그렇겠지만) 상징적인 문화로 자리 잡았다.

보스턴마라톤을 달리는 목적이 '완주가 아닌 여대생과의 키스?'였나 싶을 정도로 많은 러너들이 즐거운 시간(?)을 보내고 있었다. 나는 어땠을까? 이 글을 읽게 될 아내가 있다는 점을 고려해주시길 바란다.

달리면서 이토록 즐겁게 대회를 즐겨본 적이 있었나 하는 생각이 드는 한편 42.195km는 말 그대로 42.195km라는 것도 실감했다. 게다가 보스턴마라톤은 전 세계에서 가장 난이도가 높은 대회로 악명이 높다. 워낙 업 앤 다운 구간이 많아서 러너가 페이스를 고르게 유지하기 힘들기 때문이다.

직접 달려보니 20km 후반부터 연달아 이어지는 네 개의 언덕 구간에서 체력 소모가 엄청났다. 특히 '하트 브레이크 힐Heart Break Hill'이라고 불리는 마지막 언덕은 달려 오르는 내내 왜 그런 이름이 붙었는지 연신 고개가 끄덕여졌다. 그나마 다행이었던 건 끝까지 걷지 않고 언덕을 올라갔다는 점이었다. 여기서 걷는다면 남은 10여 km가 더욱 힘들어질 것 같았다.

37km를 지날 지점에서는 마라톤 때마다 늘 찾아오는 그 벽을 어김없이 만났다. 양쪽 종아리에서 쥐가 올라오기 시작했고, 입에서는 '아이고' 하는 소리가 새어 나왔다. 고개가 힘없이 떨어지면서 눈의 초점이 흐려지기도 했다. 남은 5km가 50km처럼 막막했다.

그때, 다시 시민들의 응원 소리가 들려왔다.

"넌 이미 위너야."

"난 네가 너무 자랑스러워."

"여기까지 오다니 믿을 수 없어."

"거의 다 왔어. 조금만 힘내자!"

저절로 입가에 미소가 번졌다. 발끝에서부터 작은 에너지가 꿈틀대며 올라오는 것을 느꼈다. 그리고 다짐했다.

지금부터 보이는 모든 풍경들을 최대한 놓치지 말고 가슴에 담아 가자. 그리고 최대한 밝게 웃으며 달리자. 이 고마운 사람들을 향해서, 가슴의 태극기만큼이나 환하고 밝게 고마움을 전하자.

그런 나의 표정을 읽은 듯한 어떤 시민과 눈이 마주쳤다. 내 나이쯤 되어 보이는 남성이었다. 그의 눈빛에서 '넌 대단한 사람이야'라는 무언의 응원 메시지를 읽었다. 멀리서 내민 그의 손에 하이파이브를 하며 '네 응원 덕분이야. 고마워'라는 답을 눈빛으로 전했다. 나만 이런 순간을 마주하진 않았을 거다.

그날 함께 달린 모든 러너와 시민 모두가 이 축제의 주인공이었다. 서로를 존중과 존경의 눈빛으로 바라보고, 감사의 마음을 주고받았다.

짙게 가린 러닝 고글 사이로 눈물이 왈칵 났다. 지구의 반대편에서 처음 보는 낯선 사람들에게 열띤 응원을 받고 서로 교감하고 있다는 사실에 생전 처음 느끼는 감동이 밀려왔다. 비록 눈물은 흘리고 있었지만, 진심으로 환하게 웃으며 달렸다.

마지막 1km 표지판을 지나쳤다. 힘들지만 환상적인 이 레이스가 곧 끝난다는 사실에 안도감과 아쉬움이 동시에 들었다. 좋아하는 파이의 남은 한 조각을 아껴 먹는 심정으로 한 발 한 발에 모든 감각을 실었다. 피니시 라인을 500m쯤 앞둔 지점을 시민들이 겹겹이 에워싸고 박수와 환호를 보내고 있었다.

피니시 라인을 드디어 밟는 순간, 수없이 그려오던 그 장면 그대로 나는 두 팔을 치켜든 채 내 모든 과정들을 자축했다. 이윽고 상상했던 그대로 내 목에 유니콘이 새겨진 완주 메달이 걸렸다. 죽는 순간 떠오를 또 하나의 명장면이 내 머릿속에 그렇게 각인되었다.

보스턴 시내의 펍에 들러 사무엘 애덤스 한 잔을 주문했다. 목구멍이 따끔거릴 만큼 청량한 기운이 온몸으로 퍼져 나갔다.

인생 전반에 걸쳐 이름 모를 꽃을 피우기 위해 아등바등해온 시간들이 잠깐 스쳤다. 꽃을 피우기 위해서는 꽃봉오리가 아닌, 탄탄히 뿌리를 뻗는 것에 집중해야 한다는 걸 이제야 조금 알 것 같다. 보스턴마라톤이라는 꿈은 머리로 꾸었지만, 그걸 현실로 만들어준 것은 내 두 다리였듯이.

나는 이제 또 다른 내 모습들을 상상한다. 그리고 언제나 그랬
듯 강물을 따라 나만의 속도로 달려 나가며 마음의 근육들을 길러
낼 것이다. 그럼에도 불안한 순간은 불쑥불쑥 찾아오겠지만, 마라
닉 페이스라는 견고한 삶의 도구를 믿고 결승점을 향해 천천히 나
아가려 한다.

마라톤 대회 D-7, 무엇을 해야 할까?

숱한 날을 달려 마라톤 출발선 앞에 서게 될 당신, 여기까지 오신 걸 환영합니다!

달리는 목적도 시작의 이유도 각기 다르지만, 42.195km를 완주해내겠다는 의지가 우리를 '러너'라는 이름 아래 하나로 묶었다. 사람에 따라서는 수개월, 수년이 걸렸을 이 시간. 고대한 시간이 일주일 앞으로 닥친 만큼 궁금한 점이 많을 것이다. 오래 준비한 농사를 단 일주일 만에 망치지 않도록 대회 7일 전 준비하면 좋을 것들을 방출해본다.

지난 10여 년 동안 매년 풀 마라톤을 뛰면서 겪은 시행착오와 주변 지인들의 경험을 토대로 정리한 내용이라서 모두에게 100퍼센트 맞아떨어지지 않을 수는 있다. 또한 첫 풀 마라톤 출전을 앞둔 분들, 풀코스를 달려본 경험이 많지 않은 분들에게 맞춰진 조언이다 보니 어느 정도 풀 마라톤의 경험이 있으신 분들은 본인에게 맞는 정보만 추려 듣길 바란다.

새벽 4시에 일어나는 연습을 하자

대회 당일 컨디션을 좌우하는 가장 중요한 요소는 수면이다. 그냥 많이 자는 게 아니라, 질 좋은 수면을 해야 몸의 컨디션이 좋아지고, 대회 당일 경기력에서도 확연한 차이가 생긴다. 수면 패턴은 하루 이틀 만에 바뀌는 게 아니라서 대회 7일 전부터 수면 관리를 시작하는 걸 추천한다.

예를 들어, 대회 당일 기상해야 할 시간에 맞춰서 수면 패턴을 조정하는 연습을 해둔다. 보통 새벽 4시에는 일어나야 대회장에 1시간 정도 여유를 두고 도착할 수 있다. 새벽형인 분들이야 크게 무리가 없겠지만, 자정을 넘어 잠드는 올빼미형인 분들은 새벽 기상 자체가 큰일이므로 대회 일주일 전부터 충분한 숙면 시간을 확보하도록 밤 9~10시에 잠자리에 드는 연습을 해야 한다.

최선을 다해서 회복하자

벼락치기가 통하는 시험과 달리, 우리 몸은 벼락치기가 통하지 않는다. 그러니 그동안 훈련을 잘 못 했다고 해서 대회 일주일 전 강도 높은 훈련을 하는 건 어리석은 짓이다. 그나마 딱 7일 전 장거리 주, 그것도 20km를 넘지 않는 선에서 하는 걸 마지노선이라고 본다. 6일 전부터는 무조건 휴식 런만 하는 게 좋다. 내 경우, 1시간 이내의 가벼운 조깅을 하거나 30분 이내로 달린다.

적절한 카보로딩으로 탄수화물을 축적해두자

좀 달렸다 싶은 분들은 '카보로딩'을 들어보셨을 것이다. 간단

마라닉 페이스

히 말하면, 카보로딩Carbo-Loading은 마라톤 시 폭발적인 힘을 내기 위해 체내 글리코겐 저장량을 극대화하는 탄수화물 비축 방법이다.

카보로딩에 대해서는 러너들마다 의견이 조금씩 다르다. 나는 이것 딱 하나만 명심한다. 어떻게 탄수화물을 내 몸에 잘 쌓아가지? 엘리트 선수들이야 과학적으로 정밀하게 식단을 짜서 식이요법을 실천하지만, 우리는 그렇게까지 고도화하여 따르기 어렵고, 어설프게 따라 했다간 컨디션만 망치기 십상이다. 그래서 나는 아래의 정도로만 카보로딩을 실천한다.

- **대회 D-7**
  20km 장거리주로 체내 탄수화물을 최대한 소모한다.

- **대회 D-6~4**
  탄수화물 섭취를 최소화하고, 단백질을 좀 더 섭취한다.
  탄수화물 덩어리인 밥이나 면은 아예 먹지 않고, 야채나 과일에도 소량의 탄수화물이 있으므로 조금씩만 먹는다. 두부나 양념하지 않은 닭가슴살 등 단백질 위주로 먹는다.

- **대회 D-3~1**
  탄수화물을 집중적으로 섭취한다.
  이때쯤이면 우리 몸은 그간 부족했던 탄수화물이 몸 안에 들어오는 족족 체내에 저장해둔다. 이렇게 비축된 탄수화물은 대회 당일 우리를 끝까지 달리게 하는 원동력이 된다. 이땐 원하는 만큼 탄수화물을 먹어주면 된다. 단, 탄수화물 섭취로 체중이 급격히 늘 수 있으므로 면은 피하고, 밥이나 야채 위주로 먹는다. 달달한 음식이 당기더라도 가급적 적게 먹는 게 좋다. '카보로딩, 재밌네?' 싶을 정도까지만 하는 게 관건이다.

마지막으로 대회 전 음식과 관련해 단순한 조언을 드리자면, 무작정 좋다는 걸 먹기보다는 평소 안 먹던 건 끝까지 피하는 게 항상성을 유지하는 데 더 낫다.

물은 평소보다 조금씩 더 자주 마시는 정도로만

마라톤 초기, 대회 전 일주일 간 수분 섭취가 중요하다는 이야기를 맹신했다가 낭패를 본 경험이 있다. 대회 날에 입술이 바싹 마르고 컨디션이 좋지 않아(과다한 수분 섭취로 혈중 나트륨 농도가 낮아진 탓이었다) 좋은 기록을 내지 못했다. 대회를 앞두고는 안 하던 걸 갑자기 하려고 하지 말고, 평소보다 '조금만 더'의 느낌으로 접근하는 것이 중요하다. 물은 평소보다 조금씩 더 자주 마시자.

하지만 대회 당일에는 급수대를 발견할 때마다 물을 마셔두자. 당장은 갈증이 안 나더라도 목이 타기 전에 미리미리 마셔둔다. 조금 과장을 보태면, 달리다가 목이 마르면… 이미 그 대회 끝난 거다.

대회 리허설을 해보자

아무리 머릿속으로 시뮬레이션을 해도 직접 몸으로 느껴보는 것만 한 게 없다. 대회 전날 가볍게 리허설을 한다는 느낌으로 대회 때 입을 복장을 갖춰 입고 대회 시작 시간에 맞춰 밖에 나가본다. 그러면 스타트하기 전 체온 관리는 어떻게 해야 할지 감이 온다. 새벽이라 당장은 좀 춥더라도 한창 달릴 오전에는 몸에서 나는 열과 햇빛으로 인해 무척 더워진다. 이 점을 고려해 출발 전까지만 체온 유지에 신경을 쓰는 게 좋다.

가볍게 달려보자

대회 전날은 대회 때 입을 복장을 갖춘 상태로 2km 정도 달려본다. 내 경우, 1km 정도는 아주 가볍게 워밍업을 하고, 나머지 1km 남짓은 페이스주, 컨디션에 따라서 마지막 100~200m는 조금 속도를 올려 달려본다. 이때도 중요한 건, 절대로 무리하지 않아야 한다는 점!

여러분 모두의 새로운 도전을 응원하며, 뿌린 대로 수확하는 시간이 될 수 있었으면 좋겠다.

당신에게 보내는 한 줄

꿈을 계속 간직하고 있으면 반드시 실현할 때가 온다.

-요한 볼프강 폰 괴테 Johann Wolfgang von Goethe

에필로그

'진짜 성공'을 위한 단 한 가지

회사를 나와 처음 사업자등록을 했을 시점이다. 때마다 밥이 차려지는 안전한 집에서 벗어나 땅이 말라붙어가는 황무지에 떨어진 기분이었다. 최대한 발끝을 꼿꼿이 세우고 촉각을 곤두세워 그날그날의 먹잇감을 찾아야 했다.

그렇게 간간이 생계를 이어가다 보니 모든 관심이 '돈 버는 일'에 쏠렸다. 일이 조금씩 풀려 점점 안정적인 생활을 찾아가는 중에도 그랬다. 아침에 눈을 뜨는 순간부터 잠자리에 드는 순간까지, 내 머릿속은 어떻게 하면 더 많은 돈을 벌 수 있을지로 가득 찼다.

사업의 규모가 더 커지고, 각계각층의 사람들을 만나면서 다른 사람이 되어가는 기분이 들었다. 이대로 조금만 더 노력하면 돈때문에 걱정할 일 없는 삶을 살 수 있겠다는 꿈에 부풀었다. 그런데 그렇게 상상해도 행복하지 않았다. 이상한 일이었다. 남들 앞에서는 내가 하는 일이 얼마나 대단한지 일장 연설을 늘어놓고도 돌아서는 길에는 공허감을 느꼈다. 내가 무엇을 위해 이토록 치열하게 살고 있는지 의문이 들기 시작했다. 무언가가 빠져 있다는 느낌이 강하게 들었다.

내가 진짜 원하는 게 뭘까? 돈인가?

그렇지 않았다. 나는 늘 짜릿할 만큼 즐거운 일, 다른 사람에게도 긍정적인 에너지를 줄 수 있는 삶을 꿈꿔왔다. 돈은 그런 내 삶의 여정에서 필요한 수단일 뿐, 그것 자체가 목적이 되지는 않았다.

나는 또 한 번, 내가 하는 일의 방향 전환이 필요하다는 걸 느꼈고, 결심했고, 실행했다.

나는 이제야 원래 내 삶의 궤도로 돌아온 듯한 느낌이다. 매일 아침 눈을 뜨면 감사의 댓글을 읽고, 만나는 사람에게마다 고맙다는 이야기를 듣는다. 행복하다. 여전히 통장 잔고는 풍요롭지 않지만 내 마음은 충만함으로 가득 차 있다.

물론 누군가에게는 '돈을 많이 버는 일'이 중요한 가치가 될 수 있다. 그것이 나쁘다는 게 아니다. 나 역시 돈을 더 벌고 싶다는 마음은 늘 갖고 있다. 하지만 내 경우 인생에서 돈이 최우선 순위가 아님을 깨달았다는 뜻이다.

이런 이야기를 들려주고 싶다. 최근에 트레일 러닝을 하다가 떠오른 단상이다.

산길을 달린다고 하면 어떤 사람들은 길을 잃을 위험은 없느냐고 묻는다. 아무래도 일반 주로와 산길은 다르기에 드는 염려일 것이다.

트레일 러닝을 할 때는 보통 성능이 뛰어난 GPS 워치를 차고 달리므로 설령 초행길이라도 걱정할 것 없다. 내가 원하는 목적지와 경로를 입력해두면, 잘못된 길로 접어드는 즉시 손목에서 알람이 울리기 때문이다.

나만의 가치관을 확실히 정립해두는 것은 GPS 워치에 내 목적지를 입력해두는 일과 같다. 만약 GPS 워치가 낯설다면 운전할 때를 떠올려보라. 내비게이션 없이 운전하면 '이 길이 맞나, 저 길이 맞나?' 끊임없이 신경 써야 한다. 하지만 가야 할 목적지를 내비게이션에 입력해 놓으면 운전에만 집중할 수 있다. 이는 또한 외부적인 기준이나 타인의 판단에 흔들리지 않겠다는 나 자신과의 다짐이기도 하다.

무엇보다도 명확한 가치관에 따라 결정하고 행동할 때 '내가 바라는 일을 해나가고 있구나' 하는 진짜 성공의 감각을 맛볼 수 있다. 물론 내 의도와는 다르게 흘러가는 일들도 있을 것이다. 하지만 가야 할 지점을 잘 알고 있기에 손목의 알람이 울리면 그저 원래 가기로 했던 길로 되돌아오면 그만이다. 또 잠깐 헤매다가 뜻밖의 멋진 경험을 만날 수도 있다. 그렇게 1km, 5km를 통과할 때마다 그 작은 성공을 진심으로 기뻐하며 더 큰 성공의 확신을 쌓아가면 된다.

이 책이 훗날 나에게 족쇄가 되어 돌아올 수도 있다고 생각한다. 내 가치관에 변화가 생기거나 달콤한 유혹에 빠져 판단이 흐려지게 될 경우, 이 책의 글을 근거로 비난받게 될 상황이 얼마든지 일어날 수 있음을 잘 알고 있다. 그럼에도 이렇게 남기는 이유는, 이 책이 내 삶의 GPS 워치가, 내비게이션이 되어줄 것이라는 믿음 때문이다.

언젠가 내가 믿는 가치에 의문이 드는 날도 생길 수 있다. 변화는 인생의 일부이기도 하니까. 하지만 이 책을 통해 내가 무엇을 최선의 가치로 삼고 있었는지, 내가 진정으로 추구했던 성공이 무엇인지를 기억할 것이다.

하여, 이 책은 나 자신과 하는 약속이자, 미래의 나에게 보내는 편지와도 같다. 언제나 내가 최우선으로 두는 가치를 떠올리고, 내가 가진 원칙에 충실하며 살아가길 바라는 마음뿐이다.

모쪼록 이 책이 당신이 가치관과 목표를 세우고, 그것에 충실하게 살아가는 데 있어서 조금이나마 영감이 될 수 있길 바란다. 지금 당신이 '달라지자'는 필요를 느끼고 있다면, 어떤 도전이나 변화에 직면해 있다면, 이 책을 읽고 가려고 하는 방향을 분명히 잡고,

그에 따라 굳건하게 내딛는 한 걸음 한 걸음이 얼마나 소중한지 생각해볼 수 있었다면 좋겠다. 결과가 보장된 도전은 없다. 새로운 선택에 뒤따르는 결과가 어떨지는 우리 누구도 모른다. 그러니 일단 해보라. 이 책의 첫머리에서도 말했지만, 행여 도전이 실패로 끝난다 해도 죽으란 법은 없기 때문이다. 나의 경험이 당신의 앞으로의 여정에 작은 빛이 되어 어떤 순간에도 당신이 믿는 가치와 목표를 잃지 않고 나아갈 수 있는 힘이 되길 진심으로 희망한다.

끝으로 힘든 시간을 묵묵히 기다려준 아내와 두 아이, 비록 짧지만 튼튼한 두 다리와 심장을 물려주신 아버지, 그리고 부족함 많은 초보 유튜버를 언제나 응원해주시는 마피아님들께 깊은 감사를 전하고 싶다.

해피러너 올레
이재진

달리기, 무엇이든 물어보세요

달리기에 대해서 흔히 갖는 궁금증을 추려 모았다. 더 궁금한 점, 더 깊게 파고들고 싶은 점은 〈마라닉 TV〉에 업로드 된 영상들을 살펴보는 것도 추천한다. 여전히 뭔가 아쉽다 싶을 때는 네이버 밴드 '마피아런'에 가입해 생생한 정보를 얻을 수도 있으니 참고해주시길.

Q1 운동 생초보입니다. 처음부터 달리기 어렵다면 빨리 걷기도 괜찮다고 하셨는데, 진짜 괜찮나요?

⋯ 물론입니다. 잘 달리기 위해 선행되어야 하는 것으로 잘 걷기만한 게 없습니다. 특히 무릎이 약하거나 과체중인 분들의 경우에는 평소보다 조금 빠르게 걷는 것으로부터 시작하는 게 좋습니다. 빠르게 걷다가 숨이 찰 정도가 되면 평소의 속도로 걷고 숨이 잦아들면 다시 빠르게 걷는 것을 반복해보세요. 격일로 30분씩 1~2주 정도로 시작하시고, 적응되면 빠르게 걷기를 아주 천천히 달리기로 전환해서 걷기와 달리기를 반복해보세요.

Q2 러닝화 이외에 '이건 있으면 좋다' 싶은 달리기 필수품 세 가지가 궁금합니다.

⋯→ 먼저 기능성 티셔츠입니다. 일반 면 티셔츠의 경우 땀이 잘 마르지 않아 달릴 때 몸이 무겁고 체온 조절을 도와주지 못해 체력 손실이 클 수 있죠. 기능성 모자도 있으면 좋습니다. 이마에서 흘러내리는 땀은 시야를 방해하거나 자칫 눈을 따갑게도 하는데, 모자를 쓰면 머리의 땀을 흡수해서 배출하거나 목 뒤로 흐르게 하죠. 마지막으로 러닝 전용 GPS 시계(또는 스마트워치)는 달리는 속도와 심박수를 체크할 수 있어 페이스 조절에 용이하기에 추천하는 아이템입니다.

Q3 올바른 달리기 자세 좀 알려주세요.

⋯→ 올바른 달리기 자세를 위해 제일 먼저 고려할 것은 바로 중력입니다. 상체를 너무 앞으로 숙이거나 뒤로 젖힐 경우 중력의 영향을 더 많이 받게 됩니다. 그러니 상체를 곧게 유지한 뒤 턱을 아래로 당겨주고 전방 15m를 바라보는 것만으로도 효율적인 상체 각도가 만들어집니다. 팔은 90도 정도로 유지하고 다리의 움직임에 따라 가볍게 앞뒤로 흔들어줍니다. 초보 러너의 경우 착지법에 관심이 많으실 텐데요. 우리가 걸을 때 착지를 딱히 생각하지 않듯, 달릴 때도 발이 자연스럽게 내딛어지는 곳이 내게 맞는 착지 부위라고 생각하며 일단은 달려보세요. 요즘 러닝화는 자연스러운 착지를 유도하기도 하니까요.

Q4 저녁 달리기 vs. 아침(새벽) 달리기. 언제가 좋은가요?

⋯▸ 언제 달리든 달리기의 효과 측면에서는 큰 차이가 없다고 생각해요. 그러니 각자 생활 패턴에 맞는 시간에 달리시면 됩니다. 다만 너무 늦은 시간에 하는 격한 운동은 수면을 방해한다는 전문가들의 견해가 있습니다. 저의 경우는 10년 넘게 새벽 달리기를 해왔습니다. 새벽 시간이 주는 고요함과 동이 틀 때의 활력을 느끼고 싶어서였죠. 또한 저녁 시간에는 각종 유혹(?)이 많기 때문에 루틴을 유지하기 위해 어떤 방해도 받지 않는 새벽 시간에 달리는 것을 좋아합니다.

Q5 달리기 전 워밍업, 꼭 필요한가요?

⋯▸ 스피드 훈련을 하기 전에는 스트레칭과 보강 운동 등으로 워밍업을 하면 부상 방지에 도움이 됩니다. 하지만 초보 러너의 경우 속도를 내는 달리기를 추천하지 않기 때문에 5분 내외의 걷기, 그리고 5분 내외의 더 가벼운 달리기만으로도 좋은 워밍업이 될 수 있습니다. 다만, 달린 후에 스트레칭은 꼭 해야 한다고 강조하고 싶습니다.

Q6 달리고 나서 하면 좋은 루틴 있을까요?

⋯▸ 달리기 후 스트레칭은 필수 루틴이 되어야 합니다. 경직된 근육들을 부드럽게 해줘야 회복이 빠르고 부상을 방지할 수 있습니다(⟨마라닉 TV⟩의 스트레칭 영상을 따라 해보세요). 달리기가 끝

난 직후에는 더운물보다는 찬물로 관절과 근육을 충분히 식혀 준 후에 샤워를 하는 것이 좋습니다. 마지막으로 충분한 영양소 섭취가 무엇보다 중요하다고 생각해요. 좋은 영양소가 들어 있는 음식을 잘 먹어주는 게 좋습니다. 충분한 양의 물을 마시는 건 필수!

Q7 달리기 할 때 유용한 앱 세 가지만 꼽아주세요.

⋯〉 런데이Runday, 나이키런클럽Nike Run Club, 스트라바Strava 같은 앱과 함께 달려보세요. 달리는 동안 부상 방지와 효율적인 움직임을 위한 음성 가이드를 제공하고, 달린 기록을 다른 러너들과 공유할 수 있어 동기부여도 되어서 달리기의 재미가 배가됩니다.

Q8 추천할 만한 우리나라 달리기 스폿이 있다면, 알려주세요.

⋯〉 요즘 전국 어디를 가든 달리기 좋은 산책로가 잘 갖춰져 있다고 생각합니다. 특히 강이나 천변을 따라 달릴 수 있는 아름다운 길이 무척 많습니다. 그래서 특정 스폿을 꼽기가 참 어렵지만, 그래도 몇 군데 떠오르는 곳을 뽑아보자면 부산의 해운대부터 광안리에 이르는 해변 코스, 강원도 오대산 월정사 선재길, 제주도 사려니 숲길 등을 추천합니다.

타라닉 페이스
변화를 마주하는 가장 즐거운 경험

첫판 1쇄 펴낸날 2024년 6월 25일
3쇄 펴낸날 2024년 7월 12일

지은이 이재진
발행인 조한나
책임편집 김유진
편집기획 김교석 유승연 문해림 곽세라 전하연 박혜인 조정현
디자인 한승연 성윤정
경영지원국 안정숙
마케팅 문창운 백윤진 박희원
회계 임옥희 양여진 김주연

펴낸곳 (주)도서출판 푸른숲
출판등록 2003년 12월 17일 제2003-000032호
주소 서울특별시 마포구 토정로 35-1 2층, 우편번호 04083
전화 02)6392-7871, 2(마케팅부), 02)6392-7873(편집부)
팩스 02)6392-7875
홈페이지 www.prunsoop.co.kr
페이스북 www.facebook.com/prunsoop   인스타그램 @prunsoop

ⓒ이재진, 2024
ISBN 979-11-7254-006-7(03190)